新時代を生き抜く
リーダーの教科書
NEXT STAGE

不確実で予測不能な時代の生存戦略

越川慎司

SOGO HOREI PUBLISHING CO., LTD

はじめに

全員がリーダーとなるべき時代です。これからは全員がリーダーとなり、一人ひとりがオーナーシップを持つことが大事です。船頭が多いと組織が混乱するとも言われますが、実際はそんなことはありません。ラグビーワールドカップ２０１９の日本代表チームでも31人中８人がリーダーでした。その前提に、誰もがリーダーになるという考えがあるわけです。

求められるのは、マネージャーではなくリーダー。マネージャーは組織や仕事の管理を行い、確実に業務を完遂させる「マネジメントを行う人」です。しかし、この「確実」を維持することが困難になりました。常識であったルールが翌月には非常識に変わるほど、激しい変化の波に襲われているからです。

全国の普及率が10％未満であったテレワーク（遠隔業務）が今や働き方の通常オプションへと変わり、オンライン会議ツールで飲み会をするようにすらなりました。儲け方（ビジネスモデル）も変わっていきます。しっかり管理さえしていれば、確実に成果が出るということではなくなったのです。かつての成功を順守させるのではなく、失敗の先に成功があることをメンバーに教えて正しい方向へ導く必要があります。

　このようにメンバーをまとめあげ、方向性を示して先導していくのがリーダーです。権限を行使し、業務の指示・管理を行うのがマネージャーですが、リーダーは権限をメンバーに与えます。メンバーが自ら考えて業務を遂行してもらうのです。指示されたら動く、といった受け身な組織では生き残れません。

　新陳代謝によって、今日の体と明日の体は違う細胞からできています。しかし、新しい細胞が生まれると自然と同じ形になります。個々の細胞が能動的に連携して同じ形になっていくのです。リーダーが脳、メンバーが細胞となって、うまくいかない時にいちいちリーダーが指示するのではなく、メンバー同士が折り合いをつけて問題解決をします。このような組織が最強です。つまり、理想のリーダーは自立したメンバーを育て、自立した組織を作るために働きかけ、導いていくことが重要なのです。

　強いリーダーが、組織全体をコントロールする時代は終わりました。「早く帰れ、でも売上げは落とすな」と叱咤《しった》激励《げきれい》して短期的なゴールだけを追う時代は終わりました。あるべきチーム像を定義し、やめる仕事を決めながら、新たな仕事に挑戦していくリーダーこそ、存在価値があるのです。
リーダーはこれまで以上にしなやかに変化に対応していくことを求められます。例えば、今後も自然災害やパンデミックは起きるものとして準備するほうがスマートです。テレワークが働き方の選択肢として普及し、リーダーは目の前にいないメンバーと共感しながら鼓舞して、エネルギーを高めていく必要があります。まず意義や目的を腹落ちさせて、一丸となって目標達成に向かうように努めます。そのためには権力ではなく判断力を身につける必要があります。客観的な情報、専門家の知見、他社の情報などをもとに、自主的に自社および自らの目標に沿った判断をしていくのです。

私が代表を務めるクロスリバー社では、これまで605社のクライアントに対して「変化への対応力アップ」を支援してきました。会社と社員の成長というゴールを設定し、その手段として働き方改革やリーダーシップ研修、組織や制度の改定を支援してきました。こういったクライアント企業と共に行った行動変容の実験は、変化を生き抜く手法として再現性があることが確認できました。リスクを抑えながら組織ぐるみで行動を変える仕組みを作り、失敗を積み重ねた先に成功があることを組織全体で腹落ちできました。

意識を変えるのではなく、行動を変えれば結果的に意識が変わっていくのです。会議のための会議はなくし、会議を減らして会話を増やし、日報のような細かな管理をやめました。このような行動変容が、社員の働きがいを向上させ、離職率低下に寄与することもわかりました。これらの行動変容の実験結果も、本書で紹介します。

CHAPTER1では、今起きている変化に対応するためにリーダーが持つべきマインドセットについて具体的に説明します。CHAPTER2では、良かれと思ってやっていることがむしろ逆効果になる例を紹介します。悪気なくやっていることが、本来めざすべき目標から遠ざかっているケースです。企業の強みや文化、ビジネスモデルは様々ですから、他社の好事例をそのまま真似ても効果が出ないことがあります。しかし、同じ過ちをしないために役立ちます。CHAPTER2ではダメな例を紹介し、リーダーの無駄な行動を抑制したいと思います。

CHAPTER3では、クライアント各社の優秀なリーダーの特徴を紹介します。制度や施策は各企業の特徴によって合う合わないがありますが、考え方や心構えは共通するものが多いです。CHAPTER4では、メンバーのモチベーションに影響を与えるコミュニケーション術について説明します。具体例を紹介しますので、自分の役に立つ施策を選んで実行してみてください。

CHAPTER5は、テレワークで目の前にいないメンバーとどう対応すべきかを紹介します。クロスリバー社では3年以上テレワークを実践しており、また私は社員700名全員がテレワークの株式会社キャスターで事業責任者もしています。自身が経験して学んだことやクライアント企業各社の行動実験をもとに、リーダーがとるべきアクションについて具体的に説明します。最後のCHAPTER6は、メンバーの成長支援について説明します。まず関係構築のステージがあって、その後に未来に向けて一緒に考えていきます。答えを教えるティーチングではなく、答えの出し方を教えるコーチングについて紹介します。

学びをもとに行動を少し変えるだけで、意識は変わり生産性が高まります。生産性が高まれば個人及び組織の未来の選択肢が広がります。本書を通じて、読者の皆さんの未来が変わることを願っています。なお、本書内の出展表記がない調査結果等は、605社の支援先企業に対してクロスリバー社で2017年4月から2020年までに独自調査したものです。

CHAPTER 3

最優秀リーダーが大事にしている6つのこと

CHAPTER 4

対話で始まり対話で終わる

CHAPTER 5

テレワークを成功に導く9つのアクション

CHAPTER 6
成長支援

ブックデザイン　中西啓一
ＤＴＰ・図表　横内俊彦
校正　矢島規男

CHAPTER 1

VUCA時代を生き抜くために

企業経営は大きな転換点

「ＶＵＣＡ時代」が到来しました。

ＶＵＣＡとは「Ｖｏｌａｔｉｌｉｔｙ」（変動性）、「Ｕｎｃｅｒｔａｉｎｔｙ」（不確実性）、「Ｃｏｍｐｌｅｘｉｔｙ」（複雑性）、「Ａｍｂｉｇｕｉｔｙ」（曖昧《あいまい》性）の４つの単語の頭文字を合わせたものです。

変化が激しく複雑で、不確実なＶＵＣＡ時代では、企業のビジネスモデルも変わってきています。かつての「モノ消費時代」は、高機能・高品質の製品を作れば作るほど、そして働けば働くほど儲かるビジネスモデルでした。上司から指示されたことだけをやっていれば会社は儲かり、社員は幸せになるシステムだったのです。

しかし、時代は変わりました。企業名や機能で商品を買うのではなく、機能が生み

出すベネフィットや体験を買う「コト消費時代」へシフトしています。働く人を増やせば利益も比例して上がるというようなことはなくなりました。また、デジタル化が進むにつれ、異業種の参入も相次ぎます。通信会社がキャッシュレス決済に本腰を入れ、小売業がアパレル製造に参入し、あらゆる業種で競争が激化しています。

昭和・平成時代は、比較的連続的な変化の中で対応してきました。将来予測の立てやすい状態で経営を行うことができたのです。特に日本は独特の「働くルール」の中で特異に成長してきたと言えるでしょう。新卒一括採用や、年功序列賃金、終身雇用や企業内労働組合といったシステムは、長期の人材育成や社員個人が長期的なライフプランを立てるという点では素晴らしいものでした。

しかしこのシステムは、残念ながら激しい変化に対応することができず、日本企業の評価を下げる要因となってしまいました。日本の特殊な雇用システムは、労働者の雇用を守ることができた一方で、変化に挑戦し適応力を高めるという点で不十分なのです。この日本型雇用システムは、40歳以上の管理職が現在直面している課題と深い関係があります。

かつては年功序列賃金によって歳を重ねるごとに給与は上がり、安定した生活を送ることができました。しかし、出した成果と報酬が対応しなくなることも事実です。出世を目指したとしても、年々管理職のポジションが減るため、それを実現できないこともあるでしょう。また、管理職というポジション自体が以前よりも市場価値を持たなくなっているのも事実です。例えば大企業で課長になれば、どの企業でも転職できるということはありません。

日本の大手企業では、管理職になって成果を出さなくても年功序列で給料は上がっていきました。そうなると、リストラの有力候補となってしまうのです。大企業では、年功序列賃金によって年収２０００万円まで上り詰めたシニア層が、変化に対応できず成果を出せない場合でも減給されることはありません。結果として、形式的な役職名を付けられ窓際社員として事務作業をするだけの低評価高コスト人材となってしまいます。窓際にいる年収２０００万円社員ということで、「ウィンドウズ２０００」と呼ばれているそうです（「ウィンドウズ２０００は既にサポート切れである」という意味も含んでいるそうです）。

ＶＵＣＡ時代の激しい変化に対応するためには、過去の慣習や常識を否定しながら文化と仕組みを変えていくことが求められます。たくさんの人材を抱え込んで、フルタイムで働かせ、定年までの雇用を保障するような組織は消滅していきます。

これから生き残る組織は、達成すべき目標のために一時的に集まってプロジェクトを組成し、それが終わればまた別のプロジェクトを組成する、というようなアメーバ型の組織です。忙しい時は全力投球するとしても、そうでない時は週休３日や長期休暇を取るといった柔軟な働き方を選ぶことも可能になる。働く場所も働く時間に応じて自己選択権を持てる組織が求められていきます。

ただ、そういう柔軟な組織では労働時間と成果が比例しません。これまでの組織はたくさんのインプットでたくさんのアウトプットがありました。働き手を増やせば売上げがアップする「労働集約型」のビジネスモデルが多かったからです。しかし、これからは少ない時間と人数でより大きな成果を残す方法を個人や組織のレベルで探索し続ける必要があります。

既に起きている7つの変化

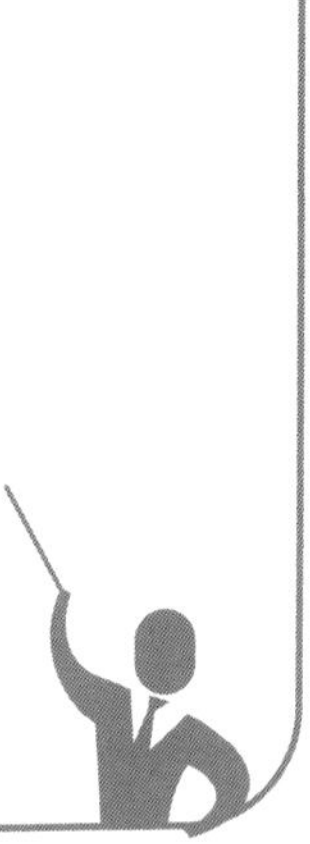

①テレワークは標準オプションに

テレワークの推進により人材の活躍を推進し、ＩＴやクラウドサービスの活用により、どこにいても成果を出すことが可能になりました。新型コロナウイルス対策のために、多くの企業がテレワークを余儀なくされました。当初は抵抗を示す企業経営者もいましたが、３２１社を調査したところ、87％の企業がテレワークやオンライン会議で仕事ができることを実感していました。

「意外と仕事ができた」と答える人が73％もいたのです。また、テレワーク期間中は以前よりも社内会議時間が24％も減りました。はじめは抵抗があったオンライン会議も、１ヵ月２ヵ月と続いていくと「習慣」に変わっていきます。そろばんをやめて電卓に移行したように、対面でミーティングをする代わりに、ほとんどのことをオンライン会議で済まそうという意識に変わりました。

以前は、スタートアップ企業やＩＴ企業を中心にオンライン会議を活用していました。一番の変化は、政府を含めた公共団体や伝統的な会社も抵抗なくオンライン会議ができるようになったことです。これによって我々は、打ち合わせの最初のオプションとして「じゃあ、まずはオンライン会議しませんか？」と提案することに躊躇《ちゅうちょ》がなくなったのです。オンライン会議は誰もが知るコミュニケーション手段となりました。

テレワークが浸透すると、リーダーは異なる管理手法が必要になります。これまで職場に一堂に会していたメンバーの一部がテレワークを選択するようになり、出社するメンバーとテレワークメンバーの管理をすることになります。従来とは異なり、タスクの進捗《しんちょく》管理やメンバーのモチベーションを上げる方法を会得しないといけません。このテレワークでの管理方法はＣＨＡＰＴＥＲ５で詳しく説明します。

②対面がプレミアムになる

打ち合わせがデジタル、オンライン会議で行われることが当たり前の世の中においても、当然対面で会うことはなくなりません。しかし、その対面の機会は貴重なものになっていきます。

「まず、オンライン会議で」ということが習慣化した中で、わざわざ対面にする場合、その理由が問われます。対面には移動時間もあるため、時間効率が悪くなります。対面前後の移動に1時間以上、交通費もかかります。それでも対面で会うのならば、参加者を説得できる意義・目的が必要です。

クロスリバーの調査では、コロナ禍《か》の前では99・5％の人がオンラインで商談を行うことを受け入れていませんでした。しかし緊急事態宣言が解除された後でも、各企業の意思決定者の15％はむしろオンライン会議での商談を望んでいます。数ヵ月で30倍もの人がオンライン商談を受け入れるようになったのです。以前のように「とりあえず訪問して打ち合わせ」ということが許されなくなっていきます。

このように、人と接する方法が変われば、顧客への営業活動も変わります。「客先へより多く足を運べば、売上げは比例して増える」という勝ちパターンは陳腐化しました。猛暑日に汗をぬぐって訪問すれば、同情で買ってもらうということも少なくなります。そもそも、顧客側はテレワークかもしれません。

訪問件数で営業活動を評価したり、外出していれば営業活動をしていると考えるのは時代遅れです。成果につながる行動を定義して、その行動の量と質を管理していく必要があります。メンバーと共に短期点な行動目標を設定し、一緒に追っていくのです。メンバーの職務責任と評価基準をしっかりと共有して、メンバーに自由と責任を与える必要があります。これからは、自主的に考え行動する人材を育てることが重要です。

③当たり前の時間設定を見直す

私はこれまで605社の「働き方改善」を支援してきました。28社で調査したところ、社内会議の平均開催時間は1・2時間でした。1時間でセットされた社内会議は全体の91％もありました。また、予定の時間通りに始まらない、または終わらないという会議は63％もあったのです。1時間の会議がびっしりと連続で入っていたら、時間通りに始まるわけがありません。会議室間の移動やトイレに行くことなどが考慮されていないのですから。

この**「会議は1時間設定が当たり前」という考えは過去のもの**です。テレワークを通じて、会議自体が3割以上減った企業は187社中135社ありました。アジェンダ（議題）がなく成果の出ない会議を開催しなくても、問題ないことに気づくビジネスパーソンも多くなりました。

オンライン会議で仕事を進めることが習慣化されると、単位時間も変化します。会議時間は15分や30分、長くても45分で開催することが標準になっていきます。実際に、企業28社に1時間会議を「45分会議」に設定し、アジェンダを前日までに共有することを義務付けました。導入当初は45分で終わらない会議が約23％ありましたが、半年が経過すると89％の会議は時間内に目的を達成して終えられるようになりました。45分で終わらなくても60分まで延長する会議はなくなり、5～10分の余裕が生まれるようになったのです。

この時間的かつ精神的余裕によって、新たなビジネスを創出することにもつながります。45分で会議が終わると、次の予定まで約15分空くことが多くなります。その

〝スキマ時間〟で「今、ちょっといいですか？」と課題やアイディアをチームのメンバーに話しかける機会が増えるのです。特に、普段会えない他部門の人への「今、ちょっといいですか？」は、ディスカッションに発展し、最終的に新たなビジネスの開発につながるケースが私の会社でもありました。この3年間に19件の新規ビジネスの開発を支援しましたが、そのうち14件は会議前後の「今、ちょっといいですか？」という問いかけが起点となっていました。

会議の時間と進め方を見直して、時間と気持ちの余裕を持つこと。これが、変化に対応するために重要な「止まって考える時間」になるのです。

④信頼の定義が変わる

「実際に会ったことがない人に仕事を依頼できますか？」という問いに対して、コロナ禍前は79％のビジネスパーソンが「NO」と答えていました。しかし、テレワークが当たり前になり、その精神的なハードルは下がりました。米国のフリーランスは約5700万人と言われ、テレワークでの発注が当たり前になっています。オンライン会議やオンラインでの出会いを通じて、相手との信頼関係を築くスキルが求められるようになります。「一度でも実際に対面していれば、その後はテレワークでもいけるかもしれない」、そう考える方もいると思います。それはそれで良いでしょう。

ただ、ここで非対面による信頼構築のスキルを身につければ、大きな武器になります。例えばオンライン会議で初めての顧客に提案して受注できるスキルや、テレワークで働くメンバーを鼓舞して士気を高めるスキルです。**たとえ、対面していなくてもビジネスにおいて信頼関係を築くことができ、組織を束ねることがこれからのリーダーには求められます。**

⑤採用条件が変わっていく

２０２０年は入社式も多くの会社でオンラインになりました。新入社員の配属も、リアルなオフィスでは行っていない会社もあったでしょう。その後の新入社員研修や、会社として戦力化していく過程も、オンラインとなっている場合が多くなってきていると思います。

これからは大企業でも、中途採用はもちろん新卒採用に対しても、**募集要項の中で、「テレワーク可」を謳わなければ、採用がおぼつかなくなる**でしょう。社員10万人のような大企業でもその動きが広がります。そうでなければ、人材を採用できなくなるからです。

私もかつては、朝8時台の満員電車に乗って品川駅近くのオフィスに通勤していたことがありました。しかし、今は満員電車に乗れなくなりました。緊急事態宣言が明けた後も、感染が怖くて満員電車に乗れないビジネスパーソンが多数出ました。毎日通勤ラッシュに巻き込まれることが精神的に難しくなっているのでしょう。

よって、人員の募集要項には「テレワーク週2日可」や「完全テレワーク可」という記載が増えていきます。少子高齢化で、首都圏在住で決まった時間に通勤できる労働者の人数は減っていきます。テレワークという勤務形態を考慮しないと人材の確保が難しくなります。一方で、「テレワーク可」の条件を入れたことによって、地方在住の優秀な人材が獲得できるようになります。今後は、場所に縛られないテレワーカーが増えて地方の雇用が活性化されるでしょう。

実際に、私が複業で事業責任者を務めている株式会社キャスターは、ほぼ全員がテレワークという形態をとっており、「完全テレワーク可」の募集要項を出して毎月1000〜2000名の応募が来ています。

⑥大企業・正社員のアドバンテージがなくなる

テレワークが働き方の標準オプションのひとつになると、成果を出していない社員があぶり出されます。自主的に考えて成果を出すことができなければ、大企業であっても厳しい立場に置かれます。日本の大企業の代名詞でもあるトヨタ自動車の豊田章夫社長も、「終身雇用は限界がある」と発言しています。変化に対応して企業が生き残るためには、雇用の流動化は避けられません。

また、個人は70歳代まで働く必要があります。2020年4月の国会で、75歳からの年金支給開始の議論がされました。日本の財政が厳しくなるにつれ、年金の支給開始年齢が高くなることは自然の流れです。終身雇用を保証できない大企業と、これまで以上に高齢になっても働かなくてはいけないビジネスパーソンの間にギャップが生じています。

一方で、テレワークでも成果を出し続け、信頼を築くことができれば社内外で評価され、出世も転職も独立もできます。所属する企業の大きさに関わらず、**経験を積んで自立して価値を生み出すこと**ができるようになれば、世界を舞台に活躍できるようになります。そういった人は70歳を超えても国内外で引く手あまたです。また、場所にとらわれずにビジネスを成立させる「稼ぐ能力」を身につければ、十分な蓄えを得て50代や60代でセミリタイアすることもできるでしょう。

このように、テレワークでも成果を出し続ける人は、複数の未来の選択肢を持つことができるのです。

⑦ジョブ型の成果主義へ

仕事の定義が大きく変わっています。「仕事＝会社に行くこと」という勘違いに気づくビジネスパーソンが増えてきました。「仕事＝どこにいても成果を出す」という当たり前のことが浸透していきます。２０１９年に３４０名の企業人事担当に対してアンケートを取りました。「2年以内に成果主義に重きを置いた人事評価制度に変更する」と答えた企業が半数以上ありました。
以前のように**「働く時間」で評価される時代は終わりました**。歳を重ねれば自動的に給与が上がる仕組みもなくなり、いくら残業をしても成果が出なければ効率の悪い社員であるとマイナス評価になります。忙しいことをアピールしても、成果を出さなければ評価はされないのです。いわゆるジョブ型の成果主義に、正社員の特権は薄らいでいき、フリーランスの活躍の場が広がっていきます。

リーダーが持つべき6つのマインドセット

①フェイルファースト

変化の激しい時代に成功するリーダーは、俯瞰《ふかん》的な視点で大局を見据え、曖昧な状況の中で自らの責任で決断をします。もちろん、セキュリティーやコンプライアンスの遵守《じゅんしゅ》は必須です。しかし、その守りだけの意思決定だけでは世の中の変化に適切に対応することができません。

個人プレイヤーとして優秀な人が優秀なリーダーになるとは限りません。優秀な人は意外と保守的で、挑戦しないことが多いです。特に、高学歴でＩＱの高いエリートリーダーには弱点があります。エリートは学生の頃から優秀で、褒《ほ》められて育ってきていることが多いものです。努力ではなく結果を褒められて育った彼らは、失点のリスクとなる難しい課題にチャレンジしなくなる、という現象が起こります。

例えば100点をとった子に「100点とって偉いね」と褒めていると、その子は期待に応えようと100点をとることばかり考えるようになるのと同じです。いつも褒められている人は、失敗することによる不安のほうが大きいそうです。そういった子は、100点をとっていないと嘘をついたり隠したりするそうです。

これまでの（ジョブ型とは正反対の）メンバーシップ型の評価制度では、エリートは組織のトップに就くことが多く、失敗しないようなタスクばかり選びがちです。すると、そこでは誰も失敗しませんからますます失敗がしにくい空気になり、新しいことはやりにくくなります。仮に失敗してしまったら、ウソをついて隠そうとする人も出てくるでしょう。「前例に従う」とか「前例にないからやらない」というのは、エリートにとっては保険であり、挑戦をしないための言い訳なのです。これは、失敗に対して寛容でない空気が日本に充満している理由のひとつだと思われます。

理想のリーダーは不確実で曖昧な状況の中でも、己の信念と直感を信じて前へ進みます。そして、良かったかどうかをしっかりと振り返ります。変化の激しい時代を生き抜くには、デメリットばかりにフォーカスしていては、退化することになります。

新たな挑戦には必ずデメリットがあることを理解して、進む・振り返る・進むをくり返していかないといけません。しかし、デメリットよりもメリットが大きければその挑戦をすべきなのです。早期の失敗はリカバリーが可能で、早く失敗することが人と組織を成長させます。失敗から学ぶことが、一番の経験になるのです。

高度成長期のように、どうしたら成功するかという方程式がある時は、そこから逸脱しないやり方が賢い方法だったでしょう。しかし、時間や人の労働資源を投下すれば、それに比例して成果が出ることは少なくなってきています。小さな失敗から小さな成功へ、そして小さな成功から大きな成功へ。苦労と経験を積み重ねていくことが必要です。試行錯誤をくり返しながら、小さな成功体験を重ねていくことで、組織が成長していくのです。**「早く失敗すれば早く学ぶことができる（フェイルファースト）」**と肝に銘じて、すぐに実行をする癖をつけましょう。

②レジリエンス（復元力）

『LIFE SHIFT 100年時代の人生戦略』（リンダ・グラットン／アンドリュー・スコット 著　池村千秋 訳　東洋経済新報社）では、100年人生で蓄えるべき資産は①生産性②活力③変身（変化対応力）と提言しています。変化への対応力が生き抜くための能力として必要ですが、その変化への対応力で重要なのがレジリエンスです。このレジリエンスは、**ゴムのように引っ張られてもすぐに戻るという自己復元力という意味**です。今後さらに激しくなる変化に対して、予想以上のストレスがリーダーに襲いかかるでしょう。しかし、そういった変化によってダメージを受けることがあったとしても、頭を切り替えて次へと向かう気構えが必要になります。

働く上で完全にストレスから解放されることは不可能です。ですから、自然災害の対策と同様にインパクトを少なくするように準備しておくのです。何かストレスがあっても精神的なインパクトを和らげ、もとに戻れる方法を用意しておくのです。いわゆる「逃げ」を作っておきます。トラブル対応後のフルーツパフェや没頭できる趣味、汗をかくスポーツなどによって、ストレスを緩和しレジリエンスが高まるわけです。

医学的にも、ダラダラと週末を過ごすより思いっきり遊んでリフレッシュしたほうが、月曜日の精神衛生状態は高まります。また、読書などによって知識を増やすこと、家族との食事など平穏な安堵《あんど》した日々を過ごすことによっても、レジリエンスを高めることができます。

今後様々なチャンレジをする上で、挫折することもあるでしょう。**苦境に立たされても、それを回避できる気構えを持てると強いリーダーになれます**。

③ミクロとマクロの視点を持つ

顧客の複雑な課題を解決するためには、ひとつの組織が対応するのではなく、組織横断的なプロジェクトによって解決するというプロジェクトワークが増えていきます。また、テレワークなどの多様な働き方により、物理的にも離れているメンバーを束ねることも出てきます。その中で課題の特色を見つめ発生原因をたどること、同時にその課題を抱える顧客の取り巻く環境全体を見渡して解決策を見つけ出すことが求められます。

このように**発生原因を見つけるミクロの視点と、プロジェクトメンバーを束ねるた**

めのマクロの視点が共に必要になってきます。先頭を切って後から部下について来させることでもなく、最後尾からお尻を鞭《むち》で叩いて走らせることでもありません。集団の一歩高いところから全体を見渡して、メンバーのエネルギーを高めながら正しい方向へ導くことが求められています。この**高い視点と広い視野、そして様々な視座を持つことが新時代のリーダー**なのです。

組織としての一体感があるというのは我々日本人の特性ではありますが、一方で同調圧力や過剰な忖度、閉鎖性といったリスクも抱えています。ボーダレスなビジネス環境で、国内外の競合相手と戦っていくには一体感だけでは不十分です。階層組織から一歩抜け出し、企業と個人が雇用といった従属関係にあるのではなく、パートナーとしてのメンバーがお互いのベネフィット（利益）を高めていくことが求められます。つまり、企業と個人は共存関係になっていくのです。その関係性の中で、真ん中に位置するリーダーは上からの指示を下に伝える橋渡し役ではなく、**会社の方針やビジョンを深く理解した「マクロの視点」**が求められます。

今後、少子高齢化が進み消費行動が大きく変化していく中で、稼働時間で報酬を得るというスタイルは廃れていきます。少ない人員と労働時間によって成果を出し続けることができるかということが焦点になり、現場のアイディアと行動が成功のカギになります。

企業ブランドと機能で売っていたモノ消費時代は終わり、機能が生み出す価値や体験に対してお金を払うというコト消費へと変わっています。このコト消費時代にイノベーションの起点となるのは、研究開発室や役員室ではなく、顧客や市場に近い現場のメンバーたちとなるわけです。メンバー各人の強みと弱みを理解し、組み合わせることで効率を高めます。「1＋1＝5」や「6」にするために、**「ミクロの視点」でメンバー各人と向き合うことが必要**です。

④順応ではなく適応を目指す

求められるのは順応ではなく適応です。

順応とは「うまく合うこと」という意味です。しかし、外部の環境変化に合わせて考え方や行動を変えていくという意味では同じですが、適応は「自分から変えること」であるのに対して、順応は「自然に変わる」ことです。**適応力がある人材は状況に応じて柔軟に行動できるので、どんな環境でも高いパフォーマンスを発揮し、その**

時々における最善の判断をしていきます。

このような環境変化の中で、会社が生き残り、そしてメンバーとリーダーが幸せに生き残るには、これまでの成功体験を捨て新たな得意分野を見出していく必要があります。外部の変化を感じ取り、自らを磨き続けないと錆《さ》びてしまいます。

また、これまでの成功パターンがすぐに通用しなくなるビジネス環境に適応するには、行動を進化させる必要があります。仮説をもとに小規模な行動実験を行い、振り返りによって進化していくことが求められます。例えば、相手に一発で「ＹＥＳ」と言わせる資料を作成する能力を身につけたり、既存顧客の満足度を高めるために失敗事例を紹介して信頼を勝ち得たり、行動をアップデートすることで成果を出し続けることができます。

個々のメンバーにこういった行動実験をさせるには、当事者意識を持たせることが大切です。職責をもとにミッションと自由を与え、自主的に考えて行動させます。言われたことをするのでは変化に適応できません。**市場の変化を感じやすい現場のメンバーが自主的に行動する仕組みを作らないといけない**のです。

⑤異質な要素を組み合わせる

経済のグローバル化も影響したのか、残念ながら新型コロナウイルスが世界に蔓延《まんえん》してしまいました。しかし、今後もグローバル化は進みます。特に日本ではテレワークが爆発的に普及したため、会社に出勤しなくても仕事ができることを実感した社員や経営者は多かったようです。場所にとらわれることなく仕事ができる、ということがわかれば人手不足を他国の人で埋めることもできます。

ＡＩ（人工知能）の進展によって自動翻訳機能の精度が高まることで、日本人が苦手とする外国語のハードルは低くなっていきます。ですから、国内の仕事を国外の人に委託したり、国外の仕事を国内で行うといった働き方が浸透していきます。

これからは、どこにいるかわからないようなメンバーが、仮想的な空間の中で一緒に仕事をするようになります。このような**ボーダレスな世界が拡大していく中で、様々な能力を持った人たちが結集して仮想空間の中で共同作業をするような仕事のスタイルに変わっていきます**。

そうなると、リーダーとしては**国籍や性別、価値観や能力の異なる人たちをまとめ**

あげる必要が出てきます。少なくとも、民族や言語、考え方などの同質的な人たちだけでは顧客の複雑な課題を解決できないことは明確になります。そこでリーダーとして避けなければいけないのは、「異質＝悪」という考えです。

不確実性の高い社会になり、顧客や市場のニーズは複雑化していきます。テクノロジーの進展によって、異業種の参入も進むでしょう。そこでビジネスを成り立たせるためには、**様々なバックグラウンドや能力を持つ異質な人たちをより多く集め、その強みと弱みを組み合わせることによって顧客の課題をスピーディーに解決していくこと**です。つまり、これまでの同質のメンバー同士が仲良しクラブを作るだけではビジネスに貢献できなくなります。

もちろん、日本人だけのメンバーで気合や努力で難局を乗り越えることも必要でしょう。しかし、努力といったプロセスだけでなく、成果といったアウトプットを評価する社会に変わっていきますから、どうやったら成果が出せるかという考えに変わらざるをえません。ビジネスが成り立たなければ、組織として存続をすることができず結果として仲良しクラブが崩壊することになります。

ダイバーシティー（多様性）とは女性役員の比率を上げることではなく、「異質を避けないこと」です。イノベーションは技術革新と訳されてしまいましたが、本来は「新結合」という意味です。**異なるバックグラウンドを持っている人たちがつながって、新しいアイディアを生み出すことがイノベーション**です。

リーダーに求められるのは「異質を避けない」という心構えです。これからはひとつの組み合わせでしか課題が解決できなくなってきますので、むしろ異質を歓迎するマインドセットが必要になってきます。イノベーションを生み出すためには、異質なメンバーの集合体から出た多様なアイディアを組み合わせる必要があります。

私は前職のマイクロソフトを含めグローバル企業で14年以上働きました。グローバル企業では異質を避けないという考え方が組織に定着していました。確かに、人種差別的な見方をする人はゼロではありませんでしたが、会社全体としては多様性を認め異質を組み合わせることが風土として根付いていました。このような風土が根付いていれば、仮に会議の中で異なる意見が出て衝突してもマイナスには考えません。新しい構想は摩擦から生まれるということを理解しているからです。

これまでの延長線上にイノベーションはありません。努力して思いもよらない成果が出るのではありません。異なる要素同士を組み合わせることで、経験したことのない新たな価値を生み出すのです。

⑥WHY思考

多くの企業の取り組みを聞いて、うまくいっていない企業の特徴は、①成功の定義が決まっていないこと②働き方改革をすること自体が目的となっていることの2つです。何をもって成功とするかが決まっていないと、いつまで経っても成功しているとは言えません。また、働き方改革という手段を通じて目指すべき頂上は、会社が成長することと社員が幸せになることの両立です。

「早く帰ろう」「残業をなくそう」「休みを取ろう」というポスターの掲示を多くの企業で見ました。確かに残業は少しずつ減っています。しかし「うちの会社は働き方改革に成功しています！」と明言できる企業は12％しかありません。何かモヤモヤを感じながら働き方改革に取り組んでいる企業が88％もあるのです。

残業を削減することの意義がわかっていないと、現場のメンバーは真剣に取り組まないでしょう。これは働き方改革を成功させる秘訣と一緒で、**「どうやってやるか？」の前に「なぜやらなくてはいけないのか？」をしっかり考えることが重要**なのです。「どうやって残業を削減するか」と方策を考えるのではなく、「なぜ残業する人が多いのか」といった原因を突き止めなければいけません。

失敗企業は、どうやって（ＨＯＷ）をすぐに考えてしまう傾向があります。働き方改革がうまく進んでいない企業の原因は、その目的が現場のメンバーたちにしっかり伝わっていなかったからです。残業抑制は自分にとって何のメリットがあるのかを「腹落ち」しないと、いつもの行動習慣を変えようとはしません。

例えば、夜7時になったらオフィスを消灯するのは短期的に残業抑制の効果があるかもしれません。しかし、残業を減らすだけでは売上げも社員のモチベーションも下がります。職場の消灯をして「ノー残業だ！」と叫ぶだけでは近くのカフェで〝隠れ残業〟をするメンバーが続出するだけです。

一方で、12％の成功企業は「ＷＨＹ」と「ＨＯＷ」を整理して社員に伝え続け、まずはじめに「腹落ち感」を醸成することに努めています。つまり、なぜ働き方改革を推進するのかという明確な理由と、どういう状態が成功であるかが明確に定義され、それを経営陣と社員が納得しているということです。

言葉にすると簡単ですが、実は「ＷＨＹ」すらはっきりさせていない「働き方改革」が大半なのです。「政府が働き方改革をやれと言うからやる」。案外、その程度の認識だったりします。「うちの会社にはこういう理由があるから、働き方改革を実施しなければダメなんだ」と経営責任者が理解しているかどうか。これが最も重要なのです。

働き方改革の成功例として、私がかつて所属した日本マイクロソフトの名前が挙がることが多いのですが、まさに、この「腹落ち感」を持たせて「ＷＨＹ」を浸透させることを実践していました。そこが成功のカギだったと言っていいでしょう。

ＨＯＷではなくＷＨＹを先に考えるというのは、**デザイン思考**とも呼ばれます。デザイン思考は、新たなものを生み出す思考スタイルで、世界で著名なスタートアップ企業を多数輩出した米国シリコンバレーでよく用いられた手法です。本質的な問題を見つめ、その発生原因までたどり着きます。その上で解決策を考え、プロダクト（試作）していくというスタイルです。いきなり１００％の完成品を何年もかけて作るのではなく、目標を明確にしてから仮説をもとに試行し改善を重ねるのです。

資料作成でも同じことが言えます。全てを文字で表現して、文字埋めして作ったＰｏｗｅｒＰｏｉｎｔを５万枚以上も見てきました。中には資料を作成することが目的となってしまっているケースも多々ありました。「なぜ資料を作成するか」を理解しないまま、膨大な時間を作業に費やしてしまったのです。

資料の目的は、相手を思い通りに動かすことです。ですから、いくら時間をかけてたくさんの文字で資料を埋め尽くしても、相手が動かなければ全く意味がありません。ＷＨＹ思考がなく、ＨＯＷ思考で作業をこなすことが目的となってしまった失敗パターンです。

私は日本で８２６名の意思決定者に７００時間以上のヒアリングを行い、情報ぎっしりのＰｏｗｅｒＰｏｉｎｔ資料がいかに嫌われるかということをよく知っています。実際にこういった意思決定者が動いたのは、重要なことがシンプルにまとまっている資料です。調査の結果、78％以上の意思決定者は、10秒以内にその資料の趣旨は何か、その情報を記憶に残しておくべきかどうかという判定をします。

リーダーがメンバーに「腹落ち感」を持たせるためには、ＷＨＹから入りましょう。

どうやったらうまくいくか（ＨＯＷ）を考えるのではなく、なぜうまくいかなかったのか（ＷＨＹ）を考えさせるのです。まず、**方法の「ＨＯＷ」ではなく、現状の課題を把握して「ＷＨＹ」を繰り返す。そうすれば根本原因にたどり着いて「腹落ち」し、**

自ら行動を変えることができます（図1）。

リーダーはメンバーたちに「働きがいは何か」「なぜ働くのか」を考えさせ、チームのあるべき姿を一緒に考えます。その上で、何（WHAT）をやるかを決めます。メンバーと肩を並べて一緒に考えることで、新たな行動のきっかけを与えるのです。詳細はCHAPTER4で説明します。

図1 デザイン思考

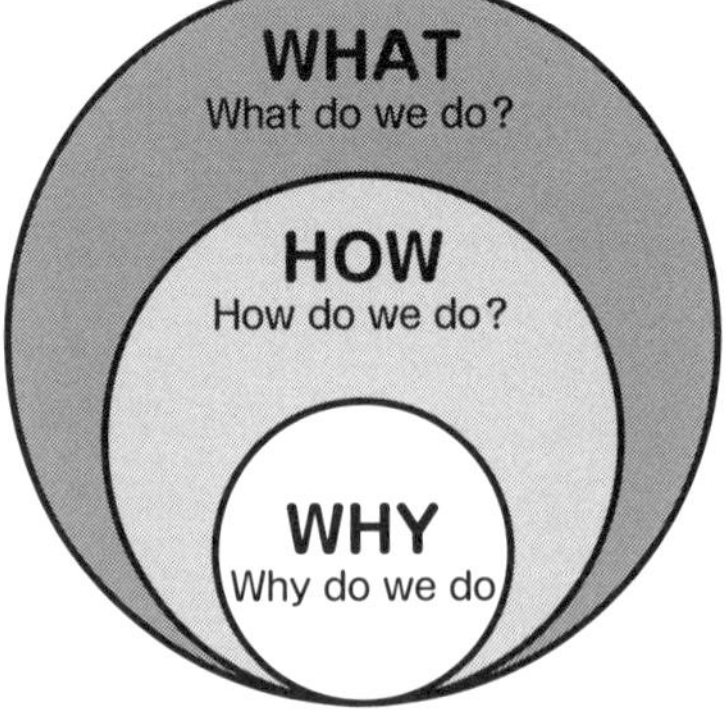

＊デザイン思考は、まず「WHY」から始めて「HOW」へ移る。
最終的に何をするか「WHAT」を決める。

CHAPTER 2

ダメ上司がメンバーをダメにする

「最近どう?」はNGワード

クロスリバーでは29社から業務委託を受け、総計16・3人の行動変容と儲け方改革を支援しています。また、605社に対して個別に対応し、18業種27部署のリーダーたちから多種多様な課題を伺い解決してきました。それぞれの企業でビジネスモデルや企業文化、環境が異なります。したがって「これをやれば大丈夫」という一般的なルールがあるわけではありません。どの企業にも通用する成功ルールなどないと断言できます。

しかし、大量で多様なデータがあれば、その法則をもとに失敗する確率を下げることはできます。そこで、我々のような第三者が客観的に社員の行動や成果を見つめ、数字やデータを持ち込んで、正しい振り返りができるのです。

そのひとつのデータ収集として行ったのが「部下が嫌がる上司の声かけ」です。空気を読んで相手との距離感を確認しながら慎重に発言する日本人にとっては、関係性を築く上で最初の一言がとても大切であることが2・3万人の調査でわかりました。その調査では「あなたのモチベーションを下げる上司からの声かけは何ですか？」という設問に対して記入形式で回答してもらいました。

もちろん、セクハラやパワハラに当たるような発言が嫌なことは当然です。「お前はいつまでも結婚しなくて大丈夫なのか？」とか、「俺の言うことを聞かないとわかってるだろうな！」という発言は論外です。そういったハラスメントの発言を除いた上で、嫌がる声かけを聞いてみました。回答結果は、ＡＩやクロスリバーの専門家によって分析を行いました。

その答えがあまりにも意外でした。このアンケート結果は大きな気づきとなり、その後のリーダーシップ研修でも役立つことになったのです。またこのアンケート結果から、部下との関係構築において本質的な課題を見出すことができました。

アンケート結果の第3位は**「ダラダラやってない？」**でした。

「否定から入らないでほしい」「決めつけないで」というコメントが寄せられました。

そもそも性悪説でメンバーを上から目線で見ること自体がＮＧです。また、「ダラダラ」と言われると、無駄に労働時間が長いことを指摘されているようにも思えます。

リーダーとメンバーの関係、上下の関係、つまり、指示を出すと受けるの関係では成果を出し続けることが難しくなります。お互いの距離感を縮めて、一緒に考え一緒に行動していくことが求められます。ですから、リーダーからの「上から目線」「頭ごなし」はＮＧなのです。また、「ダラダラ」「でも」「どうしても」……といった「ダ行」で会話を始めるのもＮＧです。ダ行の音が相手を不快にさせてしまいます。

私は前職のマイクロソフト時代に５００件を超える謝罪訪問をしましたが、その際にダ行で話し始めることを極力避けていました。「でも」「どうしても」といった言葉は言い訳にも聞こえますし、音として相手の感情を不快にさせてしまうことに気づいたからです。

ダ行を避けたら相手の怒りが収まるということではありませんが、**マイナス要素を減らす**ことはできます。ダ行を避けた謝罪訪問によって修羅場を乗り越え、結果的に30%以上の顧客が謝罪訪問後に追加契約をしてくれました。ダ行を避けることは日常のコミュニケーションでも活かすことができます。

第2位は **「最近、忙しい?」** でした。

「勤務票見ればわかるでしょ」「忙しいとは言いづらい」というコメントが続出しました。労働基準法が改正され、会社は法令遵守のために労働時間を減らすことにピリピリしています。リーダーはメンバーと1対1の会話をする時は、事前に勤務票を見て直近の勤務時間や休日出勤の様子を確認しておきましょう。

そして、驚くべき **第1位は「最近、どう?」** です。

「適当な感じがする」「私に関心を持ってない感じがする」という意見でした。これは私にとってもすごく衝撃でした。「最近どう?」は英語でいう「How are you ?」の意味で「元気ですか?」というニュアンスの挨拶です。実際に私もメンバーたちに「最近どう?」と話しかけていました。

しかし、メンバーからするとこの声かけには **恐怖や失望を感じる** そうです。リーダーから「最近どう?」と聞かれると、「あれ、えーとプライベートのことかな、それとも来週の資料のことかな……」と思いを巡らせてしまうそうです。様々なことを想像して、とっさに答えが出ないそうです。

そして冷静になって考えると、「あっ！　この上司は適当に私に話しかけているな」と気づくのです。つまり「自分に興味・関心を持っていないな」と感じてしまうのです。これが関係構築の本質です。メンバーは自分に関心を持ってもらえるかどうかが心を開く上で大切な第一歩になります。メンバーに「どうせ私なんて……」と思わせるとモチベーションが上がらず、自主的に行動することはないと後の調査でわかりました。

では、正しい問いかけは何なのでしょうか。追加調査と実証実験でわかったことは、**正しい言語化**がポイントとなることです。「最近どう？」の前に言葉を追加することによって相手のモチベーションを下げないことが判明しました。

例えば、「最近どう？」と言うだけではなく、「先週の土日はどうだった？」「来週の経営会議の資料はどんな感じ？」と**目的語をしっかり言葉に出して質問する**ことです。メンバーに具体的に聞くことによって、相手は無駄な妄想をする必要がなくなります。

また、**リーダーが先に腹を割って話す**と、メンバーも腹を割って話してくれることもわかりました。例えば「私は先週末にサッカーを観に行ったのだけど、君はどうだった?」と聞いてあげるのです。自分のことを話してから相手に質問すると、返答が返ってくる可能性が1・4倍以上に上がることが実証実験でわかりました。

リーダーにとっては面倒なことかもしれません。しかし、何について聞いているのかその対象を明確にすること、そして相手に関心を持ち自己開示してから質問することと、この2つを気に留めておくだけで不要な誤解を避けることができます。

武勇伝を語ってモチベーションだだ下がり

成功パターンが、いつまでも錆びることなく輝き続けることは滅多にありません。働き方や考え方についても外部の変化に合わせて変えていくことが当然です。にもかかわらず、昔の栄光や苦労を語ってしまうマネージャーはとても多いです。

確かに、30年前の１９９０年代に世界経済を牽引《けんいん》していたのは日本企業でした。技術力を武器に世界市場を席捲《せっけん》していたのは事実です。しかし、その後の世界でのプレゼンスが下がっていったこともまた、誰しもが知っている事実です。今や、欧米どころかアジアの中でもそのプレゼンスが下がっていることは、若い世代であればあるほど理解しているのです。その状況の中で**過去の成功体験を語るだけでは意味がありません**。もし、後世にその体験を受け継ぐのであれば、成功した結果ではなく、そこから**何を学んだのかを伝えるべき**です。

実際に今その成功が活かされていなければ、なぜその成功を継続することができなかったのか、なぜ後に失敗に至ったのかという発生原因と、そこから得た学びをメンバーに伝えていくべきなのです。ダメなマネージャーは、空気を読まずに一方的に自分の武勇伝を話します。それも、相手の反応が薄いことを見て、自分が言っていることが理解されていないのではないかと勘違いして、何度も同じ説明を繰り返してしまうのです。そのことが、さらに相手の心証を悪くする原因にもなります。

また一般的な傾向として、年配のマネージャーはこの武勇伝を語りがちです。日本ではまだ年功序列が残り、昇給・昇格の順番制度が残っています。つまり、「この人が5年6年と昇進・昇格しないのはかわいそうだ」という同情的な考え方です。この考えが組織にあると、歳をとって長くいればいつかは昇進・昇格するということになります。つまり、大きな成果を残していなくても、順番としてマネージャーに昇格してしまうこともあるわけです。それがダメな年配のマネージャーを生み出します。

ストレートに言うと、「成果を出し続けることができなかったから昇格するのに時間がかかった」わけですから、その人の武勇伝を聞いてもメンバーのハートを揺り動かすことはありません。これは残酷な話ではありますが、実際の調査データでも確認することができました。もちろん個々人の特性や能力もありますが、年配のマネージャーほど武勇伝を語りがちで、部下のモチベーションを下げてしまうことが多いという事実は理解しておくべきです。

この事実を受け入れるだけで、同じ過ちをくり返すことがなくなると思い、クライアント企業内でも広く情報公開をしました。実際に、このようなデータを出すことに対して反対する声も上がりました。ただし、この調査も行動実験の一過程であり、同じ間違いをしないこと、成果を出しやすくするルールを見つけることという目的を理解してもらうことで、この調査の意義を受け止めてもらいました。

同じ設問のアンケート調査を、同じ企業で何度もとっていますが、「ダラダラと武勇伝を語ることはいけない」とマネージャー研修で伝えたことによって、そのようなネガティブなコメントが少なくなっていったのは事実です。

組織本来の力を発揮する社会の変化は感じるものの、組織で長く働く人の意識は柔軟には変わりません。これまで通りのマネジメント手法だけに頼ってしまった結果、上司と部下、チームメンバー同士、他の部署との関係がうまくいかないケースが増え、組織の課題として顕在化してきました。

社会の変化により、「未知の領域に対応する力」や「傾聴」「フォロワーシップ」といった**社員の力を引き出すタイプのリーダーシップが求められるようになってきています。リーダーが自分のやり方や経験則を押しつけるばかりで、社員の持つ能力を引き出すことができないと、社員一人ひとりの持つ能力をうまく活かすことができません**。むしろ組織がまとまらない原因となってしまい、ギスギスした空気が標う職場が多くみられます。

会議パワハラ

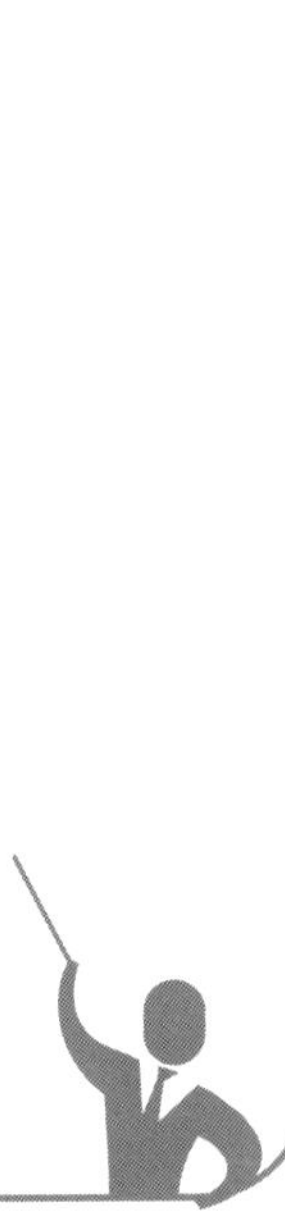

こんな会議を経験したことはありませんか?

会議出席者の中で一番偉い人から「何か良いアイディアを出せ!」と言われて、会議室がシーンとなったこと。その後に、偉い人と目が合ったメンバーが指名されて、勇気を出して発言したものの否定されてしまうケース。「インスタで拡散して集客すれば良いと思います!」と若手のメンバーがアイディアを出し、「そんなの競合他社がやっているから意味がない」とマネージャーがダメ出しをするケースです。

「では、既存の顧客にメールで招待するのはどうでしょうか?」と他のメンバーが勇気を出してアイディアを出したのに、「それは前回やったから無理」と間髪入れずにマネージャーが返す……。段々と発言数が減り、アイディアが採用されることもないので、次の会議に持ち越されるといったパターンです。このような進め方では、アイディアを出す人はいなくなります。これが**会議パワハラ**です。

クロスリバーではクライアント企業の会議を総計７０００時間以上記録して分析しています。成果が出ていないチームは、このようなアイディア出し会議をしがちであることが分析結果からわかっています。

では、どうすれば良いのでしょうか。それは**会議の種別とファシリテーション（仕切り方）を理解**することで解決できます。会議の種別は、「情報共有」「アイディア出し」「意思決定」の３つの目的に集約できます（図２）。先ほどのように、アイディアを出したら否定され、またアイディアを出したら否定されという会議は、「アイディア出し」と「意思決定」の会議が同時に行われてしまったことで成果が出ていないのです。この問題を解決するのはシンプルです。「アイディア出し」と「意思決定」の会議を分けるだけです。そうすれば、アイディアの量が増え、会議時間自体も11％節約することができます。

「アイディア出し会議」は、アイディアの量にこだわるのです。「何か良いアイディアを出せ！」ではなく、「何でも良いからアイディアを出してみよう」と問いかけ、最初に「くだらない意見」を取り上げるのです。

　そして、最初の意見に対して称賛や歓迎のコメントをすれば、参加者は「そんなアイディアでも良いのか」と思い、次々にアイディアが出るようになります。アイディアがたくさん出れば、意思決定のための材料が揃うので、結果としてアウトプットが出るわけです。この一連の仕切りをするのがファシリテーターです。ファシリテーターはリーダー自らが行うのではなく、将来のリーダー候補に指名したり、毎回ローテーションをすること

図2 会議の種別

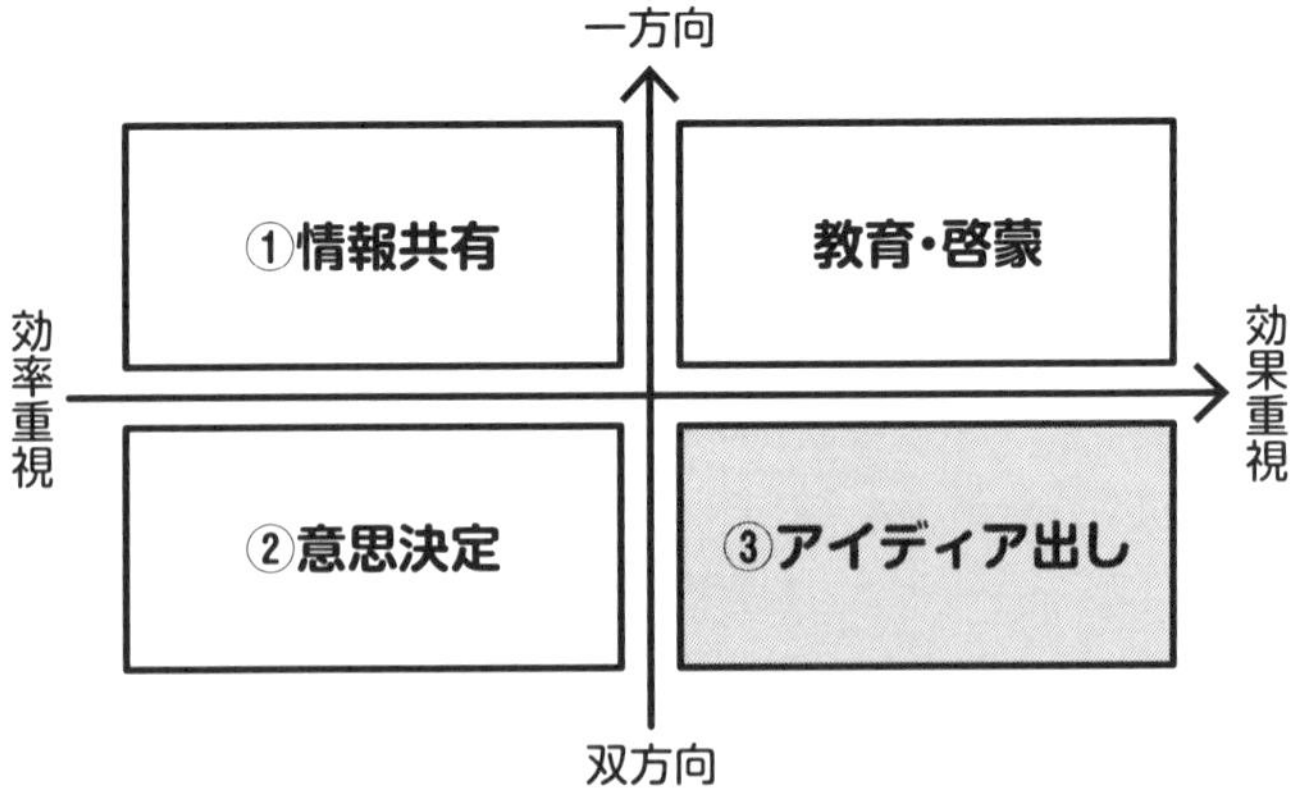

＊会議種別は３種類ある。②と③の時間を分けることが成功のカギ

でチーム力を高めることもできます。

そして「意思決定の会議」で重要なのは、決定すべき人が必ず参加して必要最低限の人数で開催することです。まず会議の冒頭で決定方法を定めてから進めていくことで結論が出ます。多数決なのか、投資対効果で決めるのか、実現可能性を優先すべきなのか、それとも最も上級職の人が決めるべきなのか……といったことをはじめに決めてから「意思決定の会議」を進めるのです。そのように進めれば結論が出ます。

リーダーとして求められるのは、不必要な会議を減らすこと。椅子に座っていることが目的の会議は一掃してください。その上で、「意思決定」と「アイディア出しの会議」を同時に行わないこと。「アイディア出しの会議」では、我慢して口を挟《はさ》まず、どんな意見でも受け入れる姿勢でいてください。その上で「意思決定の会議」で、評価軸を明確にしてから結果を出す、これが会議の成功ルールです。

休日メールで休みを奪う

２０１９年４月から働き方改革関連法が施行され、中間管理職であるマネージャーの舵取りが重要視されるようになりました。

しかし、現場のプレイヤーを兼ねる「プレイング・マネージャー」が管理職の７割もいると言われています。労働集約型のビジネスモデルでは、人を増やせば増やすほど売上げが上がるので、プレイング・マネージャーといったプレイヤーでもあり管理職でもあるという曖昧《あいまい》なポジションが生まれてしまいました。

プレイング・マネージャーは、平日昼間はプレイヤーで、夜間と休日にマネージャーの作業をするという状況が多いのです。実際に、２０１９年４月からの１年間で、一般社員の総労働時間は18％減ったとされていますが、管理職の労働時間は21％増えていることがわかりました。

プレイング・マネージャーは、業務指示も土日に行うことが多くなり、いわゆる「休日送信メール」が増えます。送信するマネージャーにとっては休みのうちに送信しておいたほうが気は楽です。しかし、メンバーからすると休日送信メールを見ると仕事モードになってしまいリラックスして休めないようです。28社16万人に行った調査では、「上司の休日送信メールを嫌がる社員」は32％いました。

クライアント企業3社で「管理職の休日メール送信禁止ルール」を2ヵ月間実施してみました。しかし、マネージャーから不満の声が上がりました。「平日にメール処理をするのは現実的に難しい」「ある程度休日のうちに処理をしておきたい」という声が続出したのです。

そこで、管理職には**「メール送信予約」**を使うようにしてもらいました。メールを休日に作成しても、送信は月曜日に行うというものです。Microsoft 365やGmailを使用している企業で、送信予約機能を使ってもらい、作成したメールの送信日時を平日に予約しておくことを勧めたのです。すると、一般社員とマネージャーの満足度が共に上がったのです。ちなみに、休日メールをやめたことで業務に悪い影響は出ませんでした。

例えばメールソフトのＯｕｔｌｏｏｋでメールを送信する時は、「オプション」から「配信タイミング」を選び、「指定日時以降に配信」で日時を設定して送信ボタンを押せばＯＫです。すると、その指定した日時までメールは送信トレイで待機しています。Gmailでも「送信予約」ができます。もし「送信予約」の機能がないメールサービスを使っているのであれば、休日に送信せずに「下書き」に保存して休日明けの出社時に送信すれば良いのです。

より短い時間でより多くの成果が求められる時代では、自分のことだけでなくメンバーのことを考えてアクションを取らないといけません。リーダーは配下のメンバーに時間外作業を求めているかのようなメールの送信は避けなければいけません。

脳を休めることで、本領を発揮できる

そもそも、リーダー自身もしっかり休養することが必要です。１００年人生の中で幸福な生活を送るためには、健康であることが大前提です。健康を維持するためには、

肉体だけではなく脳を休ませる必要があります。脳の集中力には限界があり、休息なしで脳の過負荷状態が続くと、仕事だけでなく健康にも深刻な影響が出ます。

これまで関わった約605社には、「休暇になっても、どうせやることがない。だから仕事をする」と答える社員が23％います。このうち、「思うような成果は残せていない。評価されていない」と答える人はその約3分の2います。

数々の研究で、脳の集中力には限界があり、休息が必要であることが判明しています。疲れている脳には休養が必要で、休まないと結果としてパフォーマンスが落ちます。くり返しになりますが、**休息なしで脳の過負荷状態が続くと、仕事の業績はもちろん、体にも深刻な影響が出る可能性をはらみます**。

そこで、フル回転で活動するリーダーにはデジタルデトックスをお勧めしています。休日にテクノロジーから離れられる時間を確保するのです。月に2度だけ勇気をもってパソコンやスマホから離れてみてください。思っていた以上にリフレッシュされ、脳が休まります。クロスリバーのクライアント各社に所属する優秀なリーダーの79％は「休日はしっかり休養する」と答えています。休日にしっかりエネルギーを蓄え、平日にスムーズにスタートが切れるようにしましょう。

「自分のほうが知っている」と言って追い込む

「仕事ができる」というのは、次の２つのスキルの総合力ではないでしょうか。

①業務遂行スキル
②人間関係スキル

この２つのスキルで分ければ、次の４つのタイプの人がいることになります（図３）。

A＝業務遂行スキルも、人間関係スキルも高い人
B＝業務遂行スキルは高いが、人間関係スキルは低い人

C＝業務遂行スキルは低いが、人間関係スキルが高い人
D＝業務遂行スキルも、人間関係スキルも低い人

言わずもがな、業務遂行スキル、人間関係スキルの両方が高いAの人は高い評価を得られます。業務遂行スキルも人間関係スキルも低いDの人は低い評価になります。

問題は、「業務遂行スキルは高いが、人間関係スキルは低いBの人」と「業務遂行スキルは低いが、人間関係スキルが高いCの人」のどちらを評価すべきか、どちらをリーダーにすべきかという点です。

図3 仕事ができる人の定義

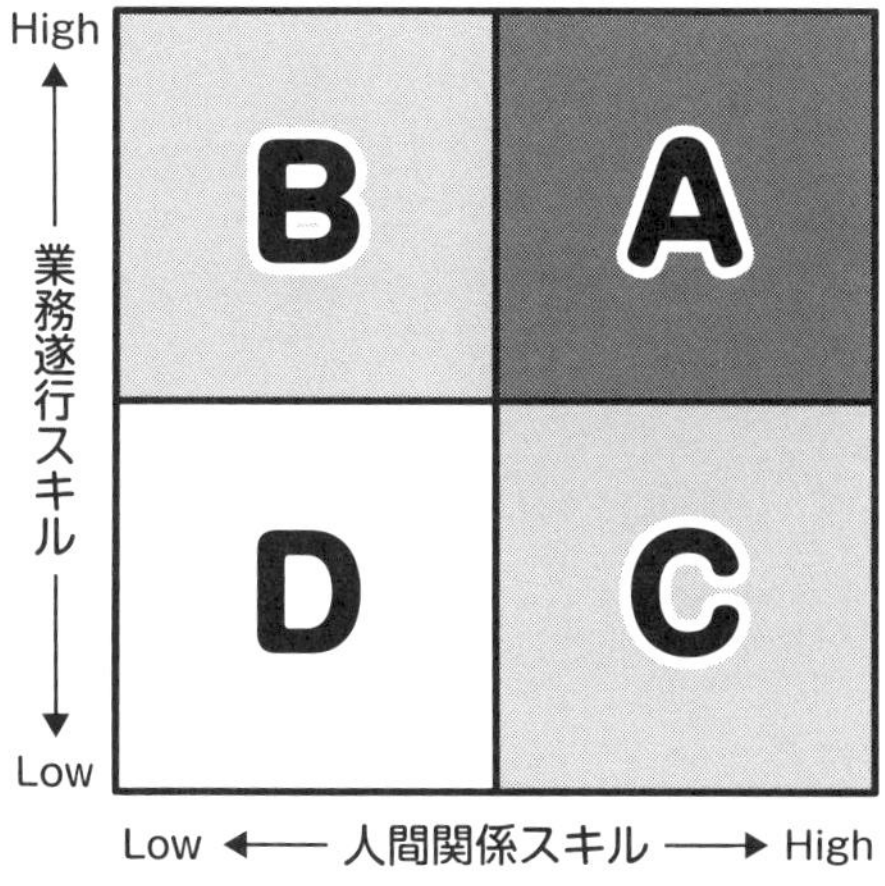

これまで６０５社を支援してきましたが、Ｂの人がパワハラをするケースが多いです。「お前はそんなことも知らないのか！」「俺だったらこうやって回避するぞ！」と一方的に責め立てます。業務のことを良く知っているので、メンバーは反論ができずストレスをため込んでしまいます。メンバーを精神疾患まで追い詰めるのはＢのタイプが圧倒的に多いのです。

しかし、日本企業はＣよりもＢを評価する傾向が高いのが実情です。そのため、パワハラをしていても、業務遂行スキルが高ければ穏便に済ませてしまうケースが発生するのです。「あの人は、仕事はできるのだが……」という枕詞《まくらことば》をつけて、流してしまうのです。

不確実で曖昧なＶＵＣＡ時代には、「仕事ができる人」について再定義すべきです。日本で「仕事ができる人」というのは、相変わらず業務遂行スキルの高い人です。「あの人がいるから周りが楽しくなる人」というのは、企業では評価されにくいです。なぜなら、それは業務ができるということよりも、間接的すぎて評価が難しいからです。

現代はいろいろな業務がＡＩに置き換えられています。その置き換えられるものの数は、今後は加速度的に増えていきます。**業務遂行スキルだけが自分の強みであれば、その強みの多くはＡＩに置き換えられてしまう世界が来ます**。そうなった時、業務遂行スキルの高い人が「仕事ができる人」という評価を、果たして今と同じように得ることができるのでしょうか。人間関係スキルはＡＩに置き換えることはできません。そうなると、これからの時代、どちらが人として評価されることになるのでしょうか。

業務遂行スキルが高く人間関係スキルの低い人の問題は、短期的にはそういう人のほうが企業では便利だという点です。実際、日本はそういう価値観の下に高度経済成長を遂げることができました。ただ、こういう人は**長期的に見た時に、企業にとってプラスに働かない**ということです。だから高度経済成長は短命に終わり、その後に長い停滞がやってきているのです。

人間関係スキルが低くパワハラをしてしまうような人は、周りの人の熱量を奪い、そこで働きたいと思う意欲を削いでしまうのです。本人は仕事ができて、成果を上げているつもりでも、周りの人の意欲を削ぎ、成果を出す可能性を奪うようなものであるならば、長期的に見れば良いことはありません。

「今なにやってるの？」でテレワークを邪魔する

ダメなリーダーは文章の表現方法を指示したり、資料のデザインなどを細かく指示したり、何度も手を止めて報告を求めたりしてしまいます。これは、メンバーの自主的な行動を妨げる悪い指示方法です。習熟度が高いメンバーに対してはプライドを傷つけて信頼関係を壊す原因にもなります。もともとできるプレイヤーだったリーダーは、「自分ならこうするのに」と思ってしまうため、メンバーに細かい指示をしてしまいます。しかし、細かい指示によってメンバーを混乱させることがあります。メンバーは、何でもかんでも口を出さずにこちらに任せてほしいと思うこともあります。

また、「この報告書は長い。ちょっと短めに資料を仕上げてくれ」と細かく注文されても、腹落ちできずに嫌々作業をするので効率が悪くなります。そのような時こそ、リーダーはグッとこらえてメンバーのやり方を尊重してみましょう。

見えないことを不安に思ってしまうと、メンバーを細かくチェックするマイクロ・マネジメントになりがちです。「今、どうなってるんだ？」「お前、サボってるんじゃないか？」といった質問責めはメンバーの時間と士気を奪います。また、特定のメンバーを叱り、周りのメンバーと一緒に楽しむようなリーダーを散見しました。ひとりだけをいじることはエンタメ化しやすいのです。これは脳科学者の中野信子氏も指摘しています。このようなことは許されず、２０２０年6月から施行されたパワハラ防止法によって、リーダー個人だけではなく企業全体のリスクになります。

「ほうれんそう」がテレワークを台無しに

テレワークは事業継続の観点からみても効果的ですが、テレワークを経験した人の66％は効率が下がったと回答するアンケート結果もありました（２０２０年5月 日本生産性本部調べ）。**テレワークが成功するか失敗するかの分かれ目は、「ほうれんそう（報告・連絡・相談）」**にあります。報告や連絡を増やすのではなく、できるだけ減らすのです。在宅勤務になると「サボるのではないか」と疑心暗鬼になり、日報の提出など報告・連絡を過度に求める企業は少なくありません。しかし、サボる人はオフィスだろうが在宅だろうがサボります。それより、詳細な報告など余計な作業によって、きちんと働いている人の生産性を下げるほうが問題です。

報告と連絡は、始業時に今日やることや終業時に今日やった仕事を箇条書きで簡単に報告するぐらいにとどめましょう。むしろ、重要なのは**雑談**です。ひとりで仕事をしていると、孤独感を覚え不安になります。それを防ぐために、いつでも雑談や相談ができるようにしておくのです。

お勧めは、集合型会議でもオンライン会議でも冒頭2分間に雑談をすること。雑談は仕事の話ではなく、「今日食べたランチ」のような無難な話が良いでしょう。これだけでも孤独感は随分と和らぎます。また、ビジネスチャットでやり取りをする時に、絵文字の使用を積極的に奨励するのもお勧めです。絵文字は感情の共有をするのに非常に適していますから、ビジネスの場こそ有効活用しましょう。

不安があるから成長できる

私たちは空気を読むことにあまり良いイメージを持っていないのではないかと思い

ます。なぜなら、空気を読む行為は不安から来ているものだからです。「チームから排除されたらどうしよう」という不安があるからです。不安とは、そもそも持っていると辛いものです。しかし、私たちは不安だからこそ緊張感を持ってメンバーと接していられるわけです。不安センサーがあるから、いち早く危険に気づき対処することができるわけです。

スタンフォード大学で10歳前後の児童１５２８人に対し80年間にわたって実施された縦断研究では、「不安傾向が強い人のほうが長生きをする」という調査結果が出ています。だから、無理に楽観的になろうとしたり、笑顔で過ごしたりする必要はないと思います。無理をして笑うと余計に不安になってしまいます。陽気な人が多いと言われるアメリカ西海岸は、実のところは鬱《うつ》が多いとも言われています。**弱みは、人間の生存戦略上なくてはならないもの**なのです。不安が強かったからこそ、日本はここまで成長したとも言えるかもしれません。

配下のメンバーが何をやっているのか、しっかりアウトプットしてくれるのだろうかと不安に思うこともあるでしょう。自分でやったほうが早いと思うこともあるでしょう。しかし、リーダーは勇気を持ってメンバーに任せてください。特に高いスキルと多くの経験を持つ参謀的なシニア社員に対しては委任をすべきです。委任の際に、要求する基準を明確に伝えておけば、やり方は本人に任せてしまいます。そこで、**業務内容とその進捗をしっかりと説明できる責任を持たせること**がポイントです。またやり方を任せても、委任したメンバーの感情を把握することは大切です。**不安や不満をしっかりと聞く姿勢を見せることで、伴走して一緒に進んでいくことを理解させること**ができます。この不安と不満を解消しようと解決策に走るのではなく、相手がその感情を持っているということを理解し共感することが必要です。

組織で目標達成するための重要なカギは、メンバーに自主自立の精神を持たせることです。リーダー自らが手を動かすことなく自然と成果が上がる仕組みを作るには、リーダーは我慢して、メンバーに動いてもらうことで成果を上げることが肝要です。つまりこれは、**自分が直接手足を動かさなくても結果に対しては責任を負う**ということでもあります。リーダーの影響力は社内外に広がっていきます。多様性や複雑性を理解し、自分の役割を楽しむことができる人こそがＶＵＣＡ時代の新リーダーと言えるでしょう。

CHAPTER 3

最優秀リーダーが大事にしている6つのこと

❶フラットな関係の構築

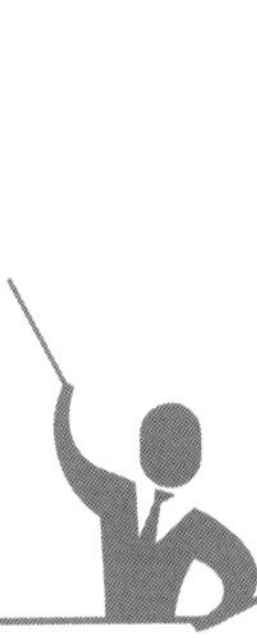

以前のモノ消費時代では、会社が決めたことをそのまま現場に実行させることが成功パターンでした。現場が自発的に決定して行動することは、施策の実行力やスピードに欠ける行為とみなされました。

しかし、コト消費となり現場からの情報や、各現場での自発的な行動変容が求められるようになると、「言われたことだけをやる」メンバーは評価されず、「自分たちで考えてやる」ことが求められます。

世界的ベストセラーとなった『アイデアの作り方』（竹内均 解説　今井茂雄 訳　ＣＣＣメディアハウス）の著者であるジェームス・Ｗ・ヤングは、「アイデアは、既存の要素の新しい組み合わせ」と述べています。リーダーだけで考えるよりもメンバーがも持つ多様な知識を活用したほうが、組み合わせのパターンが増えます。したがって、アイディアが必要なVUCA時代において、リーダーはメンバーの力をうまく引き出さないといけません。

そのことを理解している優秀なリーダーは、メンバーと**「フラットな関係」**を築こうとします。多様な経験を持つメンバーの力を活用しようとしてメンバーたちとタッグを組むのです。このフラットな関係は、**個人が自立して成果に責任を持つ組織を作ります**。メンバーはリーダーにしっかりと意見が言えて、リーダーはメンバーを信頼し、それによってリーダーはメンバーから信頼を得るのです。これこそが目指すべき自立型組織の姿です。

ただ、フラットな関係にはデメリットもあります。メンバーは上下関係にあるリーダーの言うことを聞いてくれます。しかし、フラットな関係になったことでメンバーがリーダーに対する態度を変えるリスクです。「どうせあのリーダーは現場のことなんてわからないから」「リーダーの考えは時代遅れだ」といった言葉を浴びるリーダーもいます。これは、フラットな関係を構築するために下手に出て、リーダーが「メンバーの下」の関係になってしまうケースです。これにより、逆に「フラットではない関係」を生み出してしまいます。

リーダーはメンバーの進言に対して、しっかりと判断できなくてはいけません。「このリーダーはメンバーの言うことを鵜呑《うの》みにするぞ」と思われれば、リーダーはメンバーにナメられます。また、**リーダーはメンバーから見て「尊敬の対象」である時、メンバーとフラットな関係を作ることができます。**メンバーは無能なリーダーと一緒には働きたくないと思っています。そういった状況を回避するために、**優秀なリーダーは視座を高く保ち、自己研鑽に励んでいます。必要以上にメンバーとべたべたと仲良しにはなりません。**

職場の風土はリーダー次第

もし職場の風土に問題がみられる場合は、その改善を主体的に行う役割にあるのはリーダーです。リーダーが業績目標を達成することだけに注力していると、働きがいを高められる環境は整いません。また、目先の目標だけを追うのではなく、将来に向けた人材の成長を考えるならば、リーダー自身の口で人材育成への投資方針を表明しなくてはいけません。

組織には、様々な価値観や動機を持つメンバーが集まっています。各自がそれぞれの「ありたい姿」や「目的」を追求したのでは、ワンチームとしてまとまって力を発揮することは難しくなります。メンバー全員が目指すべき方向をそろえ、全員の力を集めるために、行動や判断のよりどころとなる具体的な方針を出して、職場環境の改善や人材育成への投資を宣言することで職場の風土が作られます。

現場のトップとなるリーダーが、こうした前向きなイメージや目標とともに各人への期待を表明することにより、メンバーはそれぞれ自分の存在意義を再確認し、自身の成長に励む気力を新たにして、チームの他のメンバーとの一体感を感じられるようになります。

❷自分の弱みを見せる

自己開示で信頼ネットワークを構築

社内での自己開示の効果は、心理学の研究でも実証されています。広島大学心理学研究が2004年に発表した論文「自己開示に及ぼす親密さとコミュニケーションメディアの影響」において、相談事など腹を割って話すことで人間関係の密度が増す、つまり、深い関係が構築されることを、実証実験を通じて証明しています。

自己開示とは、何の意図もなく自分自身の情報をありのままに伝えることです。個人的な情報以外にも、自分の「感情」を相手に伝えることも自己開示のひとつです。自分の気持ちや考え方を包み隠さず伝えて、相手が共感や理解を得やすくしましょう。

これは心理学でいう「好意の返報性」です。人から何か施しを受けた時、お返しをしなければいけないという気持ちになることを**「返報性の原理」**と言います。先に相手が自己開示した時、**自分も同程度の情報を開示しようと考える**のは、この返報性の原理によるものです。

例えばデパートの地下の食品売り場で試食をさせるのは、この「返報性の原理」を利用したものです。ちょっとしたものでも試食をしてしまうと、それを買わないといけないのではないかという負い目を感じて、ついつい購入してしまうのです。

「返報性の原理」はメンバーとのコミュニケーションにおいても適用できます。メンバーが素直に腹を割って話せば、自分も腹を割って話したいと思うのです。例えば、チームメンバーの働きがいを聞いてみたいと思ったら、「お前の働きがいって何？」と一方的に聞いても12％の人しか答えてくれません。一方、先に「自分がどういう時に働きがいを感じたか」というストーリーを伝え、その上で「このような働きがいを感じたことある？」と聞くと78％の人が自分の働きがいを答えてくれます。

弱さを出してこそ信頼が生まれる

皆さんが信頼している人を思い浮かべてください。家族、パートナー、同僚、上司など、そういった人たちはおそらく自分の弱さをさらけ出してくれています。特に家族はそうです。だから、信頼できるのです。

リーダーになるくらいの人はプライドが高い人も多いでしょう。または、リーダーになってからプライドが高くなる人もいるかもしれません。プライドは時に必要なものですが、チームのメンバーと切磋琢磨していくリーダーとしては、不要な時もあります。プライドの高いリーダーでは、チームのメンバーは萎縮してしまうことがあります。何でも言い合える雰囲気作りをすることはできないでしょう。リーダーとしての威厳やプライドは、メンバーにとっては壁になってしまうものです。

そうならないために、リーダーはメンバーに弱い部分を見せることが重要です。リーダーの弱い部分を見せることで、メンバーはリーダーに親近感を覚えます。安心もするでしょう。「弱みを見せたらつけ込まれるのでは?」とは考えずに、メンバーとの距離が近くなると考えましょう。そのほうがメンバーは本音を言ってくれますし、裏表のないチームとなっていきます。また、メンバーに弱い部分を見せることで、自分も楽になります。「リーダーだから弱音を吐いてはいけない」「弱い自分を見せてはいけない」と頑張りすぎるとどこかでパンクしてしまいます。自分も楽しく、楽に仕事をしていくことが、メンバーを楽しく楽に仕事をさせることにつながるのです。

これは、自分の価値観を押し付けないということにもつながります。異質な者同士のつながりを作るには、不要な固定観念や無駄なこだわりなどを捨てる必要があります。優秀なリーダーは、自分の弱い部分を見せ、決して強い部分によるマウンティング（相手に自分の優位を示そうとする行為）はしません。クライアント企業18社の人事評価上位5％のリーダーに対して、アンケート調査をしました。すると、「自分の弱みを出すことに抵抗がない」と答えた人は71％もいました。

もちろん、優秀なリーダーはそもそも弱みが少ないかもしれませんが、不要なプライドに引っ張られることなく自分のできないことや弱点を相手に見せています。これは心構えでもあり、コミュニケーション手法のひとつです。**弱い部分を見せるという手段を通じて相手の懐に入る**のです。また、これからの組織は、異質なつながりによって新たな化学反応を起こそうとしているので、まずはその**異質な人たちの性格や能力を表に出す必要がある**わけです。

また、自分の弱みを含めて自己開示していくことで、頭の中を冷静に整理できるというメリットもあります。言葉を発することで自分の意見が明確になり、話しながら頭の中が整理できます。「自己開示をしながら自分の得意なところ、リーダーとしてすべきことを深く考えるようになった」と、優秀なリーダーたちが答えたのが印象的でした。**メンバーとの信頼関係を高めていくと同時に、自分の弱みと強みを整理することが**でき、頭の中をスッキリさせていたのです。

オープンクエスチョンで相手の自己開示

会話を盛り上げるには、ただ自分のことをベラベラと話すだけでなく、質問をすることが効果的です。こちらが自己開示をすると、相手も自分の情報を話そうという気持ちになります。コミュニケーション術のひとつに**「オープンクエスチョン」**というものがあります。「ＹＥＳ」か「ＮＯ」で聞くのではなく、自由に答えられる質問をすると、相手の情報や考え方を多く知ることができます。

質問をする時は、５Ｗ１Ｈ（ＷＨＥＮ〈いつ〉・ＷＨＥＲＥ〈どこで〉・ＷＨＯ〈誰が〉・ＷＨＡＴ〈何を〉・ＷＨＹ〈なぜ〉・ＨＯＷ〈どうやって〉）を意識すると、相手から多くの情報を得ることができます。

例えば、「私は焼肉が好きなんだけど、あなたは焼肉好き?」と聞くと、「好き」か

「嫌い」で話は終わってしまいます。「別に……」で終わってしまうケースもあるでしょう。一方、「私は焼肉を食べるとテンションが上がるのだけど、そういう時ある？」と聞くのです。そうすると、食の好みだけでなく趣味や価値観まで踏み込んで聞ける可能性が高まります。

❸道義と価値観を浸透させる

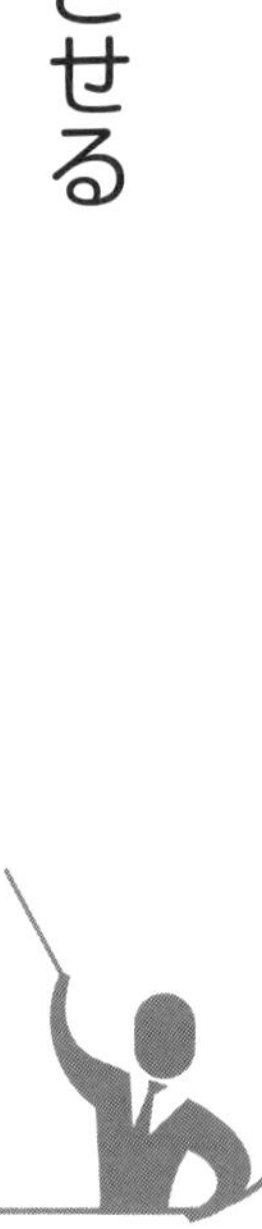

　リーダーの仕事は、情報が１００％集まらない状態でも決断することです。覚悟を持って最良の選択をしなければいけません。この決断ができるかどうかで優秀かどうかが決まると言っても過言ではありません。実際に優秀なリーダーで、修羅場を知っている人は腹の座った決断をします。どれだけ苦しい状況にあっても投げ出さず、あきらめないことが大切なのです。

　また、リーダーは夢やビジョンを語らなくてはいけません。しかし、それだけではメンバーはついてきません。リーダー自らがリスクを冒してチャレンジした時に、人がついてくるのです。つまり、山に登る時の志の高い後ろ姿をメンバーに見せるのです。人がついて行くのは、頭が良いからではありません。カッコいいからでもありません。私利私欲でついて行くこともありません。**志の高いことに必死で頑張る姿を見て、この人について行こうと決める**のです。「最高の組織を作ろう」「メンバーを笑顔にしよう」という高い志を持って、果敢に挑んでいけばメンバーはついてきます。

ルールがないと動かない組織は好ましくありません。道義を決めてメンバーが自然と行動するようにしなければならないのです。**道義とは組織の倫理であり、行動の基礎となるもの**です。これがしっかりしていないと、いくら素晴らしいルールを作っても浸透しません。

あるサービス業のクライアント企業では、若手社員が出社時のルールを作りました。朝一番に出社した人は、すべてのドアを開けて空気を入れ替えてコーヒーを入れるというルールです。私は、そのルールを作らなくても自然と社員たちが心地良い環境を作るようにしなければいけないと思いました。そこで、冷徹ではありますがそのルールをなくすことをアドバイスしたのです。

短期的にはそのルールがあったほうが心地良い環境が作られるかもしれませんが、「意義と目的を理解していない行動は9ヵ月で終わる」ということを、私は経験上知っています。そこで、心地良い職場環境を作ろうという道義だけ提示し、その後のことはメンバーに任せることにしました。すると、朝早く来ていたあるリーダーが、誰に言われることなく書類を片づけたり新聞を取りに行ったり、空調やコーヒーメーカーのスイッチを入れてくれました。

心地良い環境を作るという道義に共感してくれたこのリーダーは、それを周りに伝えることもなく自然とやってくれたのです。数ヵ月がすぎると、朝出社したら心地良い環境になっていることに気づいたメンバーが出てきました。すると、隣の部署のリーダーが自らその整える行動をやっていたことに気づいたのです。このことに気づきはじめたメンバーたちは、自ら心地良い環境を整えるようになり、ゴミや書類の片づけも進んでやるようになりました。これは道義が浸透した証だと思いました。

まず、**この組織はどういう組織であるべきか**という価値観の共有が必要です。この価値観は、自立したメンバーや自立した組織を作る上での原点です。メンバーがこの価値観を意識して行動することで、ひとつの方向に向いて自ら考え、自発的に動く組織になっていきます。また何かうまくいかなかった時も、この原点に立ち戻ることで方向性を再確認できます。会社全体のビジョンやミッションを掲げている企業は多いですが、組織ごとの価値観まで規定しているところは滅多にありません。先ほど説明した道義はあるべき姿を定義しているのに対し、**価値観はその行動の方向性を示す案内板という位置づけ**です。つまり、やるべきかどうかを判断できる基準です。

この価値観を持っている組織は、605社関わった中で74組織しかありませんでした。その組織は価値観を掲げていない部署よりも、目標達成率は高く、また働きがいも240%以上高かったことから、組織哲学の重要さがわかります。例えば2019年に盛り上がったワールドカップラグビーで、「ワンチーム」という言葉は哲学の一部です。「ひとりはみんなのために、みんなはひとりのために」という価値観は日本代表チームだけでなく、日本全体を動かすことになりました。

成功している組織の価値観としてよく使われていたのが、「常にインプルーブ（前進）する」です。これは、現状に満足せずに進歩する気持ちを持ち続けようという価値観です。最優秀のリーダーであっても、その成長の過程において上り坂も下り坂もあったと思います。この上り下りを経験して成長することを最優秀のリーダーは理解しているということです。

優れたリーダーはこのことをメンバーたちにも伝えます。伸び悩むメンバーや失敗を悔しがっているメンバーに対しては、アップダウンの中でどのように次の行動へ活かすかという意識付けを与えるのです。今、目の前にある作業のみに集中してしまうと改善はありませんから、その先の未来を目指して今どうすべきかを考えさせるのです。

❹ 会議を減らして会話を増やす

クロスリバーが「1日にどんな業務をしているか」を２２１社に調査したところ、最も多くの時間を費やしていたのが「社内会議」で、全体の43%にも上っていました。ちなみに、2位は「資料作成」で14%、3位は「メールの送受信」で11%です。43%にメスを入れると、大きな時短効果が期待できます。**業務時間の43%を占める「社内会議」。その無駄を減らせば、多くの時間を捻出できます。**

リーダーにとっては、メンバーが何をやっているかわからないために定期的に時間を設けてその情報共有を求めます。一体感を高めて組織としてのエネルギーを上げるために、メンバーを集めるということもあるでしょう。しかし、メンバーを決まった時間に集めるということはコストが高い活動であり、アウトプットが出ないものも多いのが実状です。そこでリーダーとして定例会議を行う場合は、必ず24時間前にアジェンダをメンバーで共有するようにしてください。アジェンダがない時は開催しても意味がありませんので取りやめてください。目的があるからこそ一堂に会すわけですから、目的がないものはやめていくという当たり前のルールを実行するだけです。こういった**アジェンダを事前に出すルールなどが浸透していけば、今まで気づかなかった無駄な会議があぶり出されて、結果的に社内会議の時間は少なくなります。**

無駄な会議を減らして時間が生み出されたら、その時間を会話に充てます。優秀なリーダーはメンバーに「腹落ち感」を持たせるために、会話の量と頻度を増やしています。チーム内でコミュニケーションがないと、「言った」「言わない」や、思い違いなどでミスが起こることがあります。日頃からコミュニケーションを取っていれば、ちょっと疑問に思ったらすぐに確認できる雰囲気がありますが、普段から会話をしていないと、ちょっとしたことは聞きにくくそのままにしてしまう、といったことも出てきます。チームの活性化と成長のためには、コミュニケーションは大切です。そのためにも、日常の会話をたくさんするようにしましょう。

メンバーとの対話（いわゆる1ON1）も重要です。面談ではなく、カジュアルな会話方式で定期的に行います。仕事の話だけではなく、趣味や家族の話をしても構いません。まずは、メンバーとの関係構築のために双方が腹を割って話せる状態を目指します。

クライアント企業で1ON1トレーニングを管理者向けに実施しています。その中で多い質問は「どうやって話し始めれば良いかわからない」や「会話が途切れて沈黙になってしまう」といった内容です。1ON1で会話量を増やすには、些細なことでも関心を持って聞くように心がけることです。自分の知らない話題があれば、教えてもらったり、仕事とは直接関係なくても、つながりのある内容があれば聞いてみたりと、対話をすることが大事です。リーダーは、話が得意ではないメンバーに対しては声かけをしましょう。メンバーとの橋渡しになるような会話を提供してみるのも良いでしょう。**日常でどのメンバーとも気軽に会話ができるチーム作りをしていくこと**が大事です。

プライベートな話が進み、気軽に仕事の話ができるようになったら、「働きがい」について話し合うと良いでしょう。「これまでで働きがいを感じたのはどういう時か」というテーマで、リーダーから話し始めてください。自分の価値観について腹を割って話すと、メンバーは話し始めてくれます。そして、「次にチームのあるべき姿」を一緒に考えます。優秀なリーダーは、こうして**メンバーと肩を並べて一緒に考えることで、新たな行動のきっかけを与える**のです。

まだ関係構築ができていないメンバーと会話をする時は、表情に気をつけてください。特に40～50代の男性は怒っていないのに、怒っているように見えがちです。柔和な表情を意識しましょう。ただ、笑顔を作ろうとするとぎこちなくなりがちなので、口角を上げることを意識しましょう。腕を組むのも威圧感を与えるのでやめたほうが良いです。

もし打ち解けた会話ができないのであれば、冒頭に2分程度のくだらない「雑談」をしてください。リラックスした雰囲気を作れて、メンバーから話しやすくなります。クライアント各社の優秀なリーダーは雑談とヒアリングの達人です。はじめに雑談を通じて空気を暖めながらメンバーとの共通点を探し、その後はメンバーからの発言を引き出し、体を使ってしっかりと聞いていることをアピールします。

対話のテクニックについては、次のCHAPTER4で詳しく説明します。

❺意識ではなく行動を変える

意識改革が難しい理由

意識とは、「起きている状態にあること」または「自分の今ある状態や、周囲の状況などを認識できている状態のこと」を指します。つまり、普段私たちが感じること、認識できている意識のことです。心理学用語を用いれば「顕在意識」と言われています。ここからはわかりやすくするために、「顕在意識」のことをただ「意識」と呼ぶことにします。

意識というと、まずイメージするのが「潜在意識」です。人間の意識構造は、氷山の一角である意識の下に膨大な量の潜在意識が広がっていると言われています。しかも、私たちの感情や行動を実際に操っているのは、この潜在意識なのです。潜在意識には過去の膨大な記憶や感情、トラウマなどが存在していて、顕在意識では直接これを操作することができません。

顕在意識と潜在意識は対立する場合が多く、その対立した場合は、ほぼ100％潜在意識が勝利します。だから、いくら意識改革を謳って顕在意識を変えようとしたところで潜在意識はピクリともしません。その結果、行動は全く変わらないということになるのです。これが、意識改革が難しい理由です。

個人の意識を変えるには、行動を変えるしかない

ここまでの話で個人の意識を変えるのは難しいということがよく理解できたと思います。つまり、見せかけではなく**言行一致の意識改革を実行するには「潜在意識」を変えなければいけない**ということです。そして、意識そのものが潜在意識の支配下に置かれているために、意識によって潜在意識を変えることは不可能であることもわかりました。

順番で言うと、以下のようになります。

①意識を変えようとする②潜在意識は変わらない③本質的な行動も変わらない

この方法では潜在意識は変わらないので逆の発想をします。つまり、行動から変えていくのです。

①行動を変える②やがて潜在意識も変わる③意識も抜本的に変わる

このように**潜在意識に影響を与えるなら行動を変えることが最も合理的**なのです。このことを優秀なリーダーは理解しており、**意識変革ではなく行動変革を試みる**のです。

もちろん、潜在意識がまだ変わっていない状態で行動するわけですから、心が伴わない状態で行動することになります。しかし、それでも問題はありません。**形から入っているわけですから、多少の違和感はあってもやるべき行動を形として実行する**のです。すると行動は直接的に潜在意識に影響を及ぼすので、潜在意識のほうが行動に寄り添っていきます。そして、最後には潜在意識も変わるのです。

これは空手の突きの練習に似ています。突きの練習ははじめに腕と拳の動きを確認しながら形を意識してゆっくりと動きの練習をします。その形の練習を何度も何度も、来る日も来る日も続けていくと、やがて鋭く空を切る正拳突きが完成します。あなたの人生を改革したいのなら、意識を変えるのではなく行動を変えていきましょう。

行動する前と後では、必ず意識に差ができていることがわかるはずです。テストでは100点以上のスコアはありませんが、意識は無限に高めることができます。正解してもプラス1点、間違ってもプラス1点です。何かしら行動すれば、とにかくプラス1点です。行動力のある人が得点は高く、意識も高いのです。学校のテストでは減点がありますが、人生には減点はありません。いかなる行動においても、プラスです。包丁は磨けば磨くほど輝きます。磨き方はどうであろうと、輝きが増すことに変わりはないことと同じです。どんな磨き方でも、とにかく輝きが増すのです。

トレーニングで行動は変わる

人が変わるのはトレーニングをするからです。例えば、英語を話したい、プログラミングを覚えたいと思っても、講演を1回聴いただけではできません。だから、みんな練習をするわけです。

ところが、リーダーシップやコミュニケーション、マネジメントなどの領域は1回聴けばできると思ってしまうのです。それは大きな間違いです。人との関わり方、信頼関係の築き方、問いかけ方、しゃべり方などは講演を1回聴いたり、本を読んだだけで明日からできるはずもなく、トレーニングが必須なのです。

トレーニングで大事な要素は2つ、**理論と実践**です。ただやってもダメです。ですから、優秀な人材を増産するには、理論を学び実践、つまり経験する必要があります。なぜそうなるのかの仕組みを理解した上で、その実現方法を会得するために何度も訓練するのです。頭で理解するだけでは実現できず、体で覚えるだけでは再現ができなくなってしまいます。理論と実践の両方を会得することで、成果を出し続ける能力を手にすることができるのです。

❻時間と心の余裕を作る

リーダーのやることが多すぎる問題

メンバーの話を聞く時間が持てないのは、能力の問題ではありません。そもそも、リーダーのやることが増えているからです。実際、「上場企業の課長に関する実態調査」（2017年11月実施／産業能率大学調べ）でも、約6割のリーダーが、3年前と比べて業務量が増えていると回答しています。

プレイヤーをしながらマネジメントをしているなら、なおさらです。自分の業務が忙しいために、マネジメントがおろそかになっていると考えているリーダーも、同じく約6割にも上ります。あなただけではないのです。

私も研修の講師という職業柄、そのことを実感しています。リーダー研修で休憩時間に入った瞬間に、ＰＣを開きメール対応に追われる方も多いですし、メールが気になってスマホに手が伸びてしまう受講者も多くいます。ご本人もこうおっしゃいます。「なぜ、そうなっているのかわからないけど、いつも何かに急がされている」と。本当にそうなのだろうと思います。

会社のリスクマネジメントは強化され、ダイバーシティー体制への移行は不可避になっています。当然、会社への提出物や報告の頻度も増えているはずです。つまり、頑張るだけでは乗り越えられなくなってきているのが現状なのです。

もちろん、メンバーの話をしっかりと聞きたいと誰もが思うものです。しかし、メンバーの話を聞くと、困ったことに自分の時間がなくなるのが現実です。そうなると、残業で対応することになるわけですが、残業規制が厳しくなる中ではそうもいかないのが現実でしょう。メンバーと話す時間がとれなくて当たり前なのです。

部下やメンバーに任せられないのはなぜか

ただ、**リーダーは「力の入れどころ」を変える**必要はあります。実は、かつて私もこの問題について悩んだひとりですが、「力の入れどころ」が違っていたことに気がつけば、解決の糸口が見えてきます。「いかに速くやるか」ではなく、**「いかに任せていくか」を考えるしか方法はない**のです。

例えば、日々の売上げの確認に関してです。これをあなたの「参謀」に任せられないでしょうか？　日々の進捗チェックもそうです。その「係」の人に任せられないでしょうか？　新人の教育も、「他の部署の人」もしくは「メンバー」に任せられないでしょうか？　そうやって、手分けをして任せていくしかないのです。

しかし、「任せられた人も負担になるのでは？」と思うリーダーもいるかもしれません。実は、これがそうでもないのです。研修で耳にするメンバーの不満を紹介します。「もっと、信頼して任せてほしい」「チームでできることはあると思うのに……」。つまり、もっとメンバーや仲間を頼っても良い、ということなのです。

もし、リーダーがメンバーや仲間に仕事を任せていないとするなら、あなたはきっとプレイング・マネージャーであり、メンバーよりもその仕事に精通しているのではないでしょうか？　また、メンバーの仕事のクオリティーを見て、自分と比較すると決して満足できるレベルではない、とも考えているのではないでしょうか。**優秀なリーダーは勇気を出してメンバーに仕事を任せています。それが、自分もメンバーも**

成長させ、結果として組織全体が成長することを理解しているからです。

どうやって仕事を絞るか

リーダーは無駄な仕事をやめて、心と時間のバッファ（余裕）を作ることが求められます。**特に減らすべきは、会議とメール**です。先ほど、会議のダイエット方法を説明したので、今度はメールです。メールでのコミュニケーションは非同期型であるがゆえに、メンバーがいない時に送っておくというような便利な使い方ができます。

一方で、ミスコミュニケーションになってしまったり、思いやりのない表現が含まれてしまったり、むしろコミュニケーションが複雑になってしまうこともあります。また、一方的なコミュニケーションはメンバーに対して高圧的になり、時にはハラスメントと受け取られてしまうケースも多々あります。そこで、なるべく**堅苦しいメールのやりとりをやめ、カジュアルなビジネスチャットや対面での会話に時間を費やすほうが結果的には意思疎通がスムーズ**にいきます。

このように、やめることを決めることはリーダーにとって大切な仕事です（図4）。そして、この目的と手段を確認しあうということが組織の活性化にもつながります。

無駄なメールや資料、会議がなくなれば、リーダーとしての時間と心の余裕が生まれますから、メンバーたちと対話する時間も増え、またメンバーからも雑談や相談を持ちかけられるチャンスも増えていきます。

図4 生産性向上のための仕事の絞り方

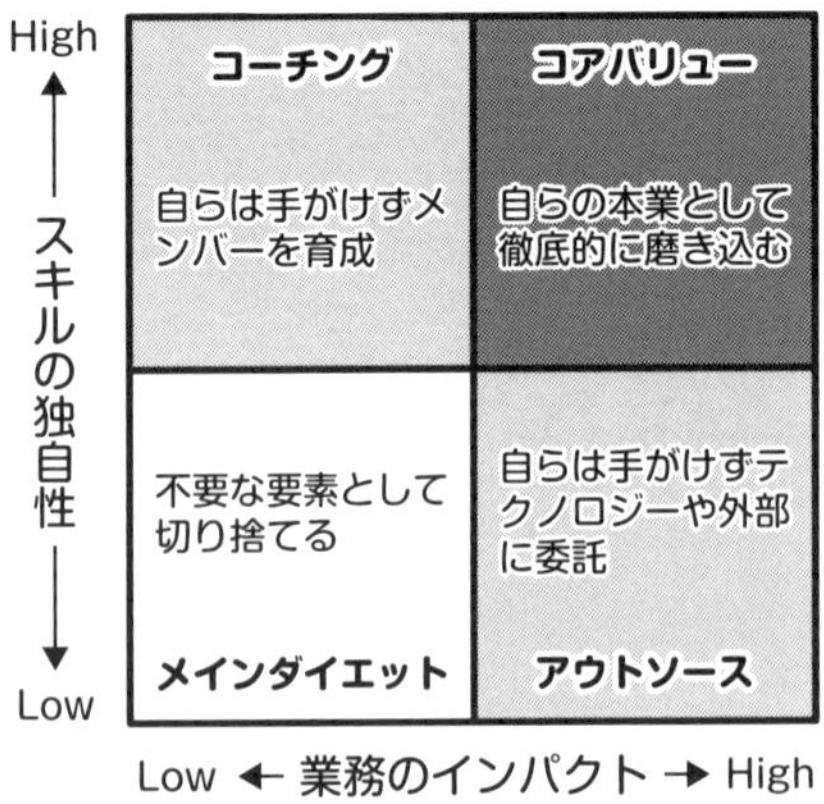

＊生産性を維持しながら仕事を絞るのはどのタスクかを見極める

CHAPTER 4

対話で始まり
対話で終わる

「メンバーが主役の時間」をわざわざ確保する

私は20年以上の社会人経験があります。ＮＴＴのような国内大手や、ＷｅｂＥｘ（当時）のような外資スタートアップ企業、そして外資大手であるマイクロソフト、国内のスタートアップ（中小企業）と４種の企業で働いた経験があります。この３年間の６０５社にわたる顧客も、この４種に分かれています。

２００１年に私は初めて１ＯＮ１というリーダーとメンバーの対話形式の個人面談を経験しました。当時は上司がオーストラリア人だったので、慣れない英語を使うこともあり、凄く緊張したことを鮮明に覚えています。しかし1ヵ月２ヵ月が過ぎていくと、それが面談ではなく**リフレクション（振り返り）**の機会であることに気づいたのです。何となく忙しく、あっという間に時間が過ぎていく徒労感から抜け出すことができたのは、1ON1がきっかけになっていたのです。

そして米国シリコンバレーで働いていた2003年からは、リーダーとして1ON1を行う立場となり、17年が過ぎました。リーダーからすると日頃からコミュニケーションをしていると感じていても、実はメンバーの望むようなコミュニケーションが取れていなかったということに気づかされました。

このように、**1ON1はリーダーにとってメリットがあるのです。「問題解決の場」ではなく、「問題発見の場」として活用する**ことができます。また、メンバーの新たな側面を見つけることができ、やりたいことを口にするようにもなります。結果として、タイムリーな配置転換をして、メンバーに新たな挑戦の機会を与えることができるようになったのです。メンバーの潜在能力が発揮され、多様な経験を重ねて成長すれば、組織の成長につながります。これが17年にわたる1ON1経験の私の学びです。

時間を作ることでメンバーにWHYを伝える

1ON1はメンバーを成長させるためのメンバーの時間です。リーダーが仕事の状況を聞くための時間ではありません。日々の業務に多忙なリーダーは、わざわざ時間を確保することが難しいでしょう。クロスリバーが１８５２名の管理職を対象に調査したところ、１ＯＮ１に否定的な管理職の61％が「時間がない」と答えています。

しかし、**わざわざ時間を確保することに意味がある**のです。企業が存続していくためには人材の育成が必要不可欠です。現場のメンバーは重要な経営リソースであり、そのために有限の時間を費やしていくという方針を明確にメンバーに伝えてください。全ての人材にはまだ開花していない能力があります。その**能力を見つけて、思う存分発揮させることがリーダーの責務**です。メンバーが持つ可能性を信じて、前向きな姿勢で臨むべきものです。全ての人に優れた才能があることを信じることが大切です。

しかし、その才能は本人にも他者にも見つけにくいものだからこそ、１ＯＮ１というコミュニケーションツールを活用するのです。メンバーは希望と可能性を秘めています。そのために、メンバーを育てる時間をわざわざ確保するのです。

１ＯＮ１が根付いていない企業では、メンバーも時間を取ることを躊躇するかもしれません。「この忙しい時に、わざわざ呼びやがって」とか「マイナスの評価をされないようにしないとなあ」と思うメンバーもいるでしょう。そのような状況であっても、粘り強くメンバーとの対話を重ね、メンバーに「(うちのリーダーは)自分のためにわざわざ時間を確保してくれた」と思わせたら最初のゴールはクリアです。有限の資産である時間を、メンバーに割り当てたことにより、重要度と思いを伝えるのです。行動を変える時は、このようにWHY(意義と目的)をしっかり伝えることが大切です。

自分を主語にして考え、アクションを引き出す

1ON1は面談ではありません。基本的に1ON1でメンバーの人事評価は行いません。しかし、メンバーは少しでもマイナスに思われないようにしようと思ってしまうので、本音を話してはくれないと思って臨んだほうが良いです。心理的安全性が確保されていない状態であれば、なおさら口数が少なくなります。

メンバーの発言数が少ないと、どうしてもリーダーが話してしまいがちです。しかし、**1ON1のゴールはメンバーのエネルギーを高めること**です。人は聞いているより話しているほうがエネルギーは高まりますから、メンバーにたくさん話す時間を割り当てないといけません。目安としてメンバーが話す時間が7割、リーダーが話す時

間が3割というゴールを設定して対話に臨んでください。

メンバーに多く発言させ、深く考えさせ、必ず最後は「次のアクション」につなげます。**一緒の時間を共有し、一緒に考え、一緒に行動して経験から学ぶことが1ON1の目的**です。最終的に行動しないと次の学びがありません。次の1ON1までの具体的なアクションをお互いに確認しましょう。

愛のある改善フィードバックを

相手の行動を促すきっかけになるのがフィードバックです。メンバー本人が気づいていないことを伝えるのです。人は、新たな発見をした時に知的好奇心が刺激され高揚します。「あなたのコメント力が素晴らしい。それがチームに好影響を与えることを期待している」と、できる限り本人が気づいていないであろう能力を認め、期待と可能性を伝えてください。想定外の自分の能力に気づいた時、将来の飛躍的な成長につながります。

ただし、アドバイスとフィードバックは異なります。**客観的な観察者として相手に考えるきっかけを与えるのがフィードバック**です。一方、アドバイスは解決策の答えを教えてしまうことであり、相手が考えることを想定していません。1ON1は自分で考える機会を与えることに意味がありますので、アドバイスではなくフィードバックを心がけましょう。

しかしながら、相手にとって好ましくないフィードバックもあります。褒め続けるだけでは成長しませんから、「ダメなものはダメ」と言う勇気が必要です。好きな異性に気に入られるには、良いことだけを褒め続けるのが良いかもしれません。しかし、メンバーに好かれることが目的ではなく、メンバーを成長させて組織の目標を達成することが目的です。改善すべきだと思うことは率直に伝えるべきです。

最近のリーダーは、パワハラを恐れるがあまり、ネガティブなフィードバックを避ける傾向にあります。ですから、フィードバックをする前に、メンバーの能力開発に寄り添うことを宣言してください。メンバーの成長を支援することを言葉で何度も伝えてください。その上で、改善点をフィードバックするのであれば相手は納得できます。メンバーにとっては、「あなたに関心を持っていること、そして重要な戦力であること」を理解させてください。その上で、メンバー本人に気づきを与えてください。

悪いスパイラル（結果→関係→思考→行動）

組織として目指すべきは、成果を出し続けてそして人間関係が良好なことです。成果のみに固執すると組織内で衝突が生まれ、足を引っ張るメンバーが出てしまいます。一方、人間関係のみを重視すると、メンバー同士は楽しいものの成果は出ません。共に組織として存続するのが難しくなります。では、多くの組織でリーダーとメンバーの関係性をうまく保持しながら成果を出し続けることができないのはなぜでしょうか。

図5の通り、成果を重視し、メンバー同士の関係が良好であるのが**「理想的なチーム」**です。理想的なチームを、マサチューセッツ工科大学のダニエル・H・キム教授が提唱した「組織の成功循環モデル」を使い説明します。組織に成功をもたらす基本的なプロセスを説明しています。図6の通り、「4つの質」（結果の質、関係の質、思

図5 目指すべき理想的なチーム

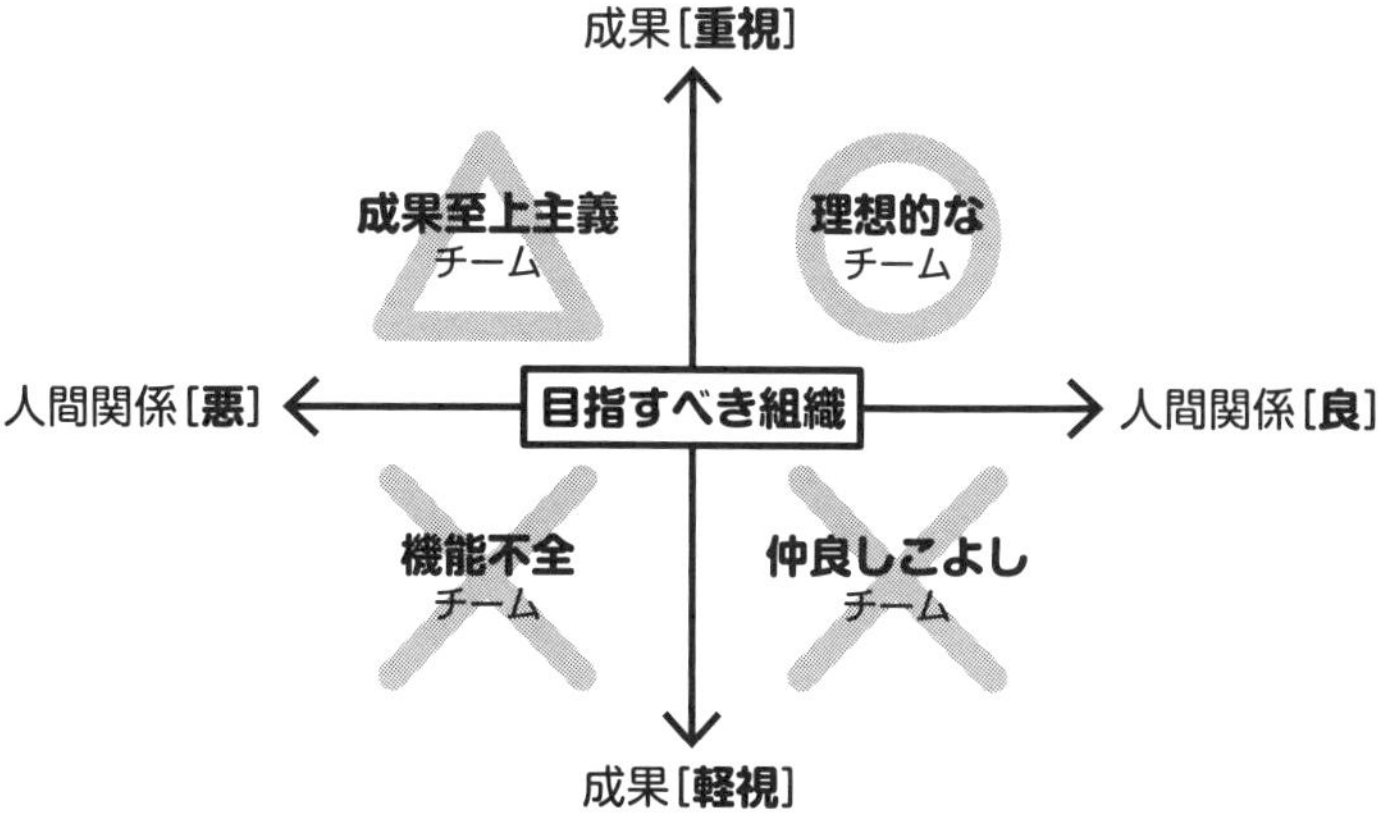

図6 組織の成功循環モデル

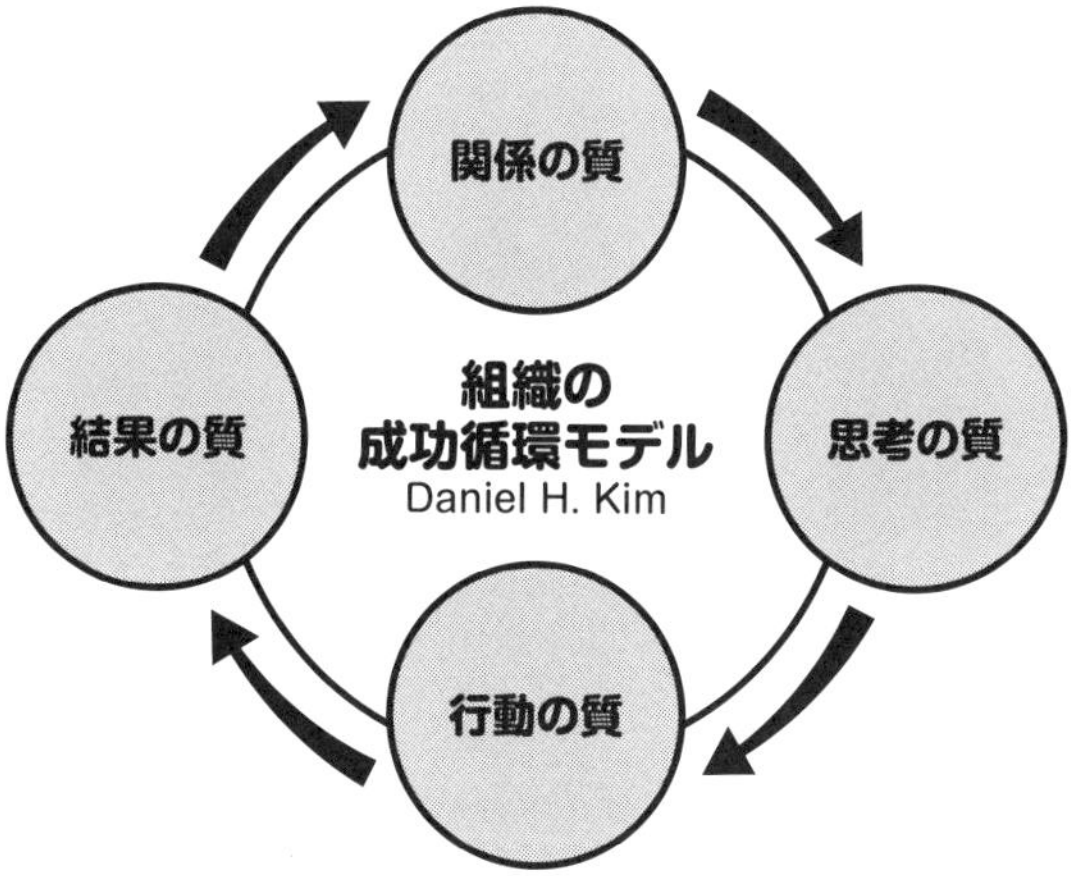

考の質、行動の質）がサークル型で示されます。この４つの質を高めると組織が成功しやすくなるというモデルです。

「悪い循環サイクル」（図７）というのは、「結果の質」から始めるパターンです。望ましい結果が出ていないと、リーダーはメンバーに向かって説明を求めます。十分な説明ができないと思えば、どんどんメンバーを追い詰めて責めていきます。メンバーはリーダーの言いなりに答えていくことにより、反論ができないような心理状態に陥ります。そうなると、次の「関係の質」が悪くなります。リーダーとメンバーの上下関係になってしまい、メンバーから意見や反論ができない

図７ 悪い循環サイクル

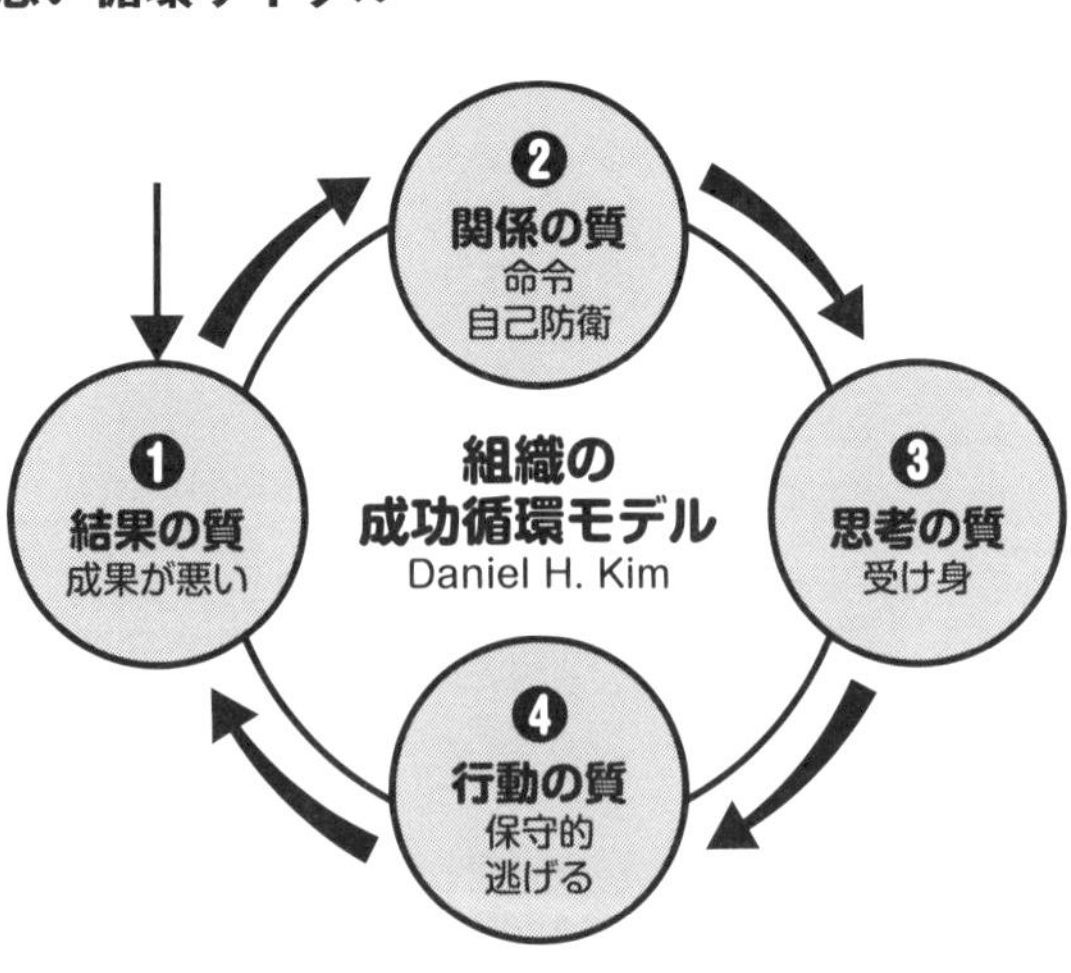

関係性です。これでは言われたことだけをやるメンバーになってしまい、リーダーに怒られないようになんとか逃げることを考えるようになってしまいます。

この上下関係においては、メンバーは自ら考えて行動しませんから、リーダーから言われたことをそのまま実行する実直な社員にはなります。しかし、環境変化に気づいて自ら考えて行動していくことが求められるＶＵＣＡ時代では、こういった言われたことだけをやるメンバーは通用しません。**「関係の質」が悪いまま、上下関係を維持するとメンバーは自主的に考えないようになります**。自ら動くということをしませんので、ただ言われたことだけをやるようになってしまいます。豪華なパワポ資料やきらびやかなＥｘｃｅｌデータの資料を作るのはこういった状態の時です。

「思考の質」が高まらなければ、もちろん行動は変わりません。関係性が悪く、上下関係のままでは、メンバーは悪いことを隠すようにもなります。各企業でトラブルやミスを隠し、社会的な信頼を失うような不祥事は、こういった悪いサイクルの時に発生します。自分で考えて、行動を修正していくことをしませんから、もちろん結果は出ません。そして、また結果が改善しなければリーダーに怒られ、関係性は改善できず、頭と行動を止めてしまうのです。これが悪い循環サイクルです。

アドバイスによって成功するとは限らない

リーダーたちは拙《つたな》い振る舞いを目にしてしまうと、ついつい口を出したくなる時があります。例えば、自分より経験が少ないメンバーの仕事ぶりを見た時、どうしても不満に思う部分が目についてしまいます。多くのリーダーは「自分でやったほうが早い」と思ってしまうでしょう。それについて、リーダーはメンバーに指摘して「次から○○して」とアドバイスしてしまうわけです。

こういうことは職場に限らず、日常でたくさん起こっています。子供に勉強しなさいと言っても勉強しないとか、配偶者に○○したほうが良いよと言っても聞き入れてもらえなかったり（あるいは文句を言われることとすらある）。せっかくのアドバイスが全く機能しないことは、よくある話です。

では、なぜアドバイスで人間の行動は変わらないのでしょうか。行動分析学をもとに、行動と結果の関係性を理解すれば、それが見えてきます。**全ての行動はその行動に伴う結果によってコントロールされています**。行動してすぐに良いこと（欲しいものが手に入ったり嫌なものを避けられたり）があれば、その行動は定着します。しかし、行動しても何も起きなかったり、嫌なことが起きるのであれば、その行動は定着しません。つまり、行動の後に何が起きるかが重要なのです。

しかしながら、アドバイスというのは「行動の前」に生じる刺激なのです。つまり、アドバイスによって行動を変えるのは限定的です。**メンバーの行動を変えたいのであれば、行動の後に生じるメリットを理解させる**必要があります。また、アドバイスへの反発が原因で、行動を変えるどころではないこともあります。カウンターコントロールと言い、行動自体を直接変えようとすると反発が起きる事象のことです。

そもそも「今生じている行動」は、その行動の結果によって定着したものです。外から見て拙いものであったとしても、メンバー本人にとっては行動をくり返すだけの何らかのメリットがあり、だから継続しているのです。そういった行動を無理やりやめさせようとしたり、変えさせようとしたりすることは、相手の反発を引き起こす原因になります。

一方、適切な行動をとってすぐに良い結果が得られた場合、アドバイスは行動を変化させるきっかけになります。例えば、販売した製品の不具合によってトラブルが発生したとします。販売店舗から電話を受けたメンバーは、初めての経験でどうしたら良いかわかりません。そこで、経験豊富なリーダーが「まずカスタマーサポート部門に連絡して、同じトラブルが過去に発生していないかを確認したほうが良い」とアドバイスをして、トラブル対応がすぐに解決できたとします。

するとすぐに「すぐに解決できた」という良い印象が得られるはずです。そして、その結果によって、次に同様のトラブル対応をする時は、すぐにカスタマーサポート部門へ連絡するでしょう。このようにアドバイスが適切な行動のきっかけとして働き、すぐに良い結果が得られるような状況においては、行動を変えることが可能です。しかし、他の問題が起きた時に、その解決方法をリーダーに依存してしまうと成長しません。自らが深く考え、失敗からの学びを次に活かすことで行動が進化していくのです。

１ＯＮ１の対話で求められるのは、メンバーが自主的に答えの出し方を学ぶことです。**答えを教えるティーチングではなく、答えの出し方をサポートするコーチングがメンバーの成長を促す**のです。

良いスパイラル（関係→思考→行動→結果）

「良い循環サイクル」では「関係の質」を高めるところからスタートします（図8）。まず、リーダーとメンバーが腹を割って話し合えるような心理的安全性を確保します。上司は部下に一方的に指示をするのではなく、寄り添って一緒に考えていくような同僚（バディー）のような関係を構築するのです。

なるべくメンバーと対等な関係を築き、プライベートも含めて何でも話せるような仲になれば、「思考の質」を変えるステージに移行できます。1ON1などの定期的な対話の中で、上司と部下が過去の行動を一緒に振り返ります。良かった点を承認し、悪かった点を一緒に改善していくという話し合いを持つのです。

ここで重要なのが、**褒めてばかりではなく必ず改善点をフィードバック**してあげることです。前述しましたが、メンバーの悪い点を指摘することを避けるリーダーが増えています。フィードバックは時に良いところだけではなく、相手に痛みをもたらすこともあります。うまくいったと思ったプレゼンの後に、リーダーから改善するようにフィードバックを受けると沈んでしまうかもしれません。

しかし、こういったフィードバックによって、メンバーは新たな発見ができ、知的興奮を伴うこともあります。この発見と興奮を得るメリットは、辛いフィードバックを受けるデメリットよりも大きいのです。愛のあるフィードバックで、本人の成長に寄り添うことを宣言した上

図8 良い循環サイクル

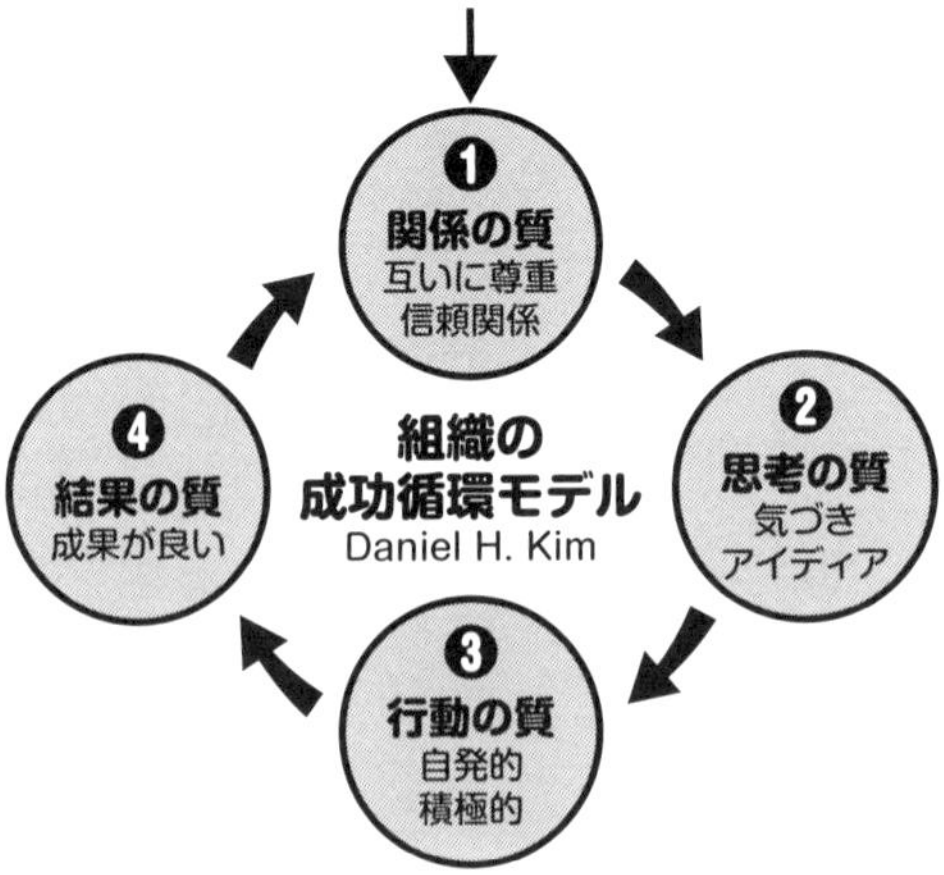

で、改善のためのフィードバックを与えてください。

メンバーのモチベーションを上げるためには、もちろん承認することが必要です。しかし一方的に褒め続けても、「行動の質」や「結果の質」を変えていくことはできません。成長支援のためのフィードバックという形で、メンバーに行動修正について提案します。また、メンバーの意見も取り入れながら、過去の失敗を成功に変えていくプロセスが必要です。なるべくメンバーから発言させることでしっかりと過去の行動を振り返りましょう。そこから行動を修正していくためのアクションを一緒に考えていきます。

次のステップとして、そのアクションを一緒に行動します。ポイントはメンバーだけにやらせるのではなく、**リーダー自身も行う**ことです。まずリーダー自らが変わる、ということが重要です。リーダーが覚悟を持って自己開示する姿や、リーダー自らが変わろうという姿勢を取ることによって、自然と周りを巻き込んでいくことにつながります。この**自分から変わろうとするマインドセットが、メンバーの気づきを引き出すことにつながります。**

例えば、「資料作成の時間を先週よりも10％短い時間でやる」という行動目標をメンバーが立てるとします。その際には、リーダーは必ずレビューの時間を2回設け、レビュー時に良い点と悪い点を必ず2カ所ずつあげる、といった行動目標を設定します。

そして、アクションの結果を一緒に振り返ります。良かった点は継続していきましょう。良くなかった点をさらに行動修正していくのです。こうすることによって、改善に向けたアクションが確実に行われますので、「結果の質」は高まっていきます。

このように、**1対1の対話によって「関係の質」と「思考の質」を高め、共に寄り添って考え、実行していくことで組織のパフォーマンスを高めることができます。**

心理的安全性を確保する

心理的安全性と働きがい

「心理的安全性」という心理学用語は「サイコロジカル・セーフティー（psychological safety）」を日本語訳したものです。チーム内で自分の思ったことを自由に発言しても、不利益を被らないと感じられる状態を意味しています。

クロスリバーで16万人に対して調査した結果、この「心理的安全性」が仕事の成果にも影響を与えることがわかりました。**「心理的安全性」が担保されると、積極的かつ自主的に行動するようになります。**

そんな「心理的安全性」が担保されたチームでは「働きがい」を持つ人が次第に多くなります。「働きがい」を持つ社員は、そうでない社員と比べて45％も作業効率が高く、例えば営業担当者の場合には目標達成率が1・7倍になることがわかりました。

アイディア出しがスムーズに

経営陣からのトップダウンを伝えるだけでは、リーダーの存在意義はありません。いかに現場のボトムアップを引き出すかが重要なミッションです。「こうやれ」ではなく、「この方針に対してどうしたら良いと思うか？」と問いかけて、自分事化して考えさせるのです。その時に必要なのが「心理的安全性」です。これを言ったら叱れるかもしれないというメンバーの不安を取り除くことです。

こんなことを言ったら、「じゃあ、あなたがやって」と言われて自分の作業が増えると恐れる部下がたくさんいます。ですからアイディアが出たら、賛同する人はいないかとメンバー全員に当事者意識を持たせて協力体制を作ることが必要です。このプロセスで候補を決めると、メンバー全員が**自己決定権**を得られた感覚を持ちます。この**自分で決めたという自己決定感を持たせることが、自主的に動くボトムアップの要素として欠かせない**ものになります。

「心理的安全性」が担保されていると、会議での発言量が増える傾向にあります。一方、逆の場合では話さずに黙っていたほうが安全だと感じるため、発言しない参加者が多くなるのです。「情報共有」と「意思決定」を行う会議では、発言量が少ないほうが良いケースもあります。しかし「アイディア出し」を求める会議では、発言量が多ければ多いほど成果につながることから、特に「心理的安全性」が重要だと言えるでしょう。

テレワークもうまくいく

「心理的安全性」の効果を明らかにすべく、2017年12月から2019年9月にかけて、26社を対象に調査を行いました。「心理的安全性」が担保されているチームとそうでないチームとを比較したところ、労働時間、精神疾患、離職率、チームパフォーマンスが相関関係にあることが確認できました。

結果は、以下の通りです。

〈心理的安全性があるチームA〉

上司と部下が2週間に1回は15分以上の対話をしているチーム

〈心理的安全性がないチームB〉

コミュニケーションがうまく取れていないと思う人が6割以上いるチーム

〈検証結果〉

新型コロナウイルスによる緊急事態宣言発令中の2020年5月第1週に、「テレワークはうまくいっているか」との質問に、チームAは「YES」と答えた人が89％、一方のチームBは「YES」と答えた人がたった8％

「ほうれんそう」ではなく「ざっそう」

「ほうれんそう」という言葉は、ビジネスパーソンの常識になっているかと思います。「報告」「連絡」「相談」のそれぞれの頭の文字をとって**「報連相」**というわけです。

「報告」とは、社長や上司から出される指示に対して、社員や部下がそれに取り組みながら、その途中経過などを報告すること、「連絡」とは、事実と状況のみを知らせること、「相談」とは、その遂行途中で自分だけで判断することが難しい時に、社長や上司に相談してその考えや意見を聞くことです。１９８０年代に始まったとされる管理手法ですが、今はもう古くなっています。

ほうれんそうのうち、報告と連絡は過去にあった出来事の共有です。例えば、依頼されていた仕事の結果を依頼主に伝えることは報告になりますし、役員会で決まったことをメンバーたちに伝えることは連絡になります。しかし、この情報共有の会議を一堂に会して行う必要があるでしょうか。確かに、共有会議の一部には「教育・啓蒙」の目的が含まれることがあります。ただ、それを定例として毎週やるだけでは「教育・啓蒙」ができません。また弊社の調査で、情報共有会議で約3割の人が会議とは関係のない別の仕事（内職）をしていて、情報が伝わっていないことがわかりました。そもそも集合型の会議は非常にコストがかかります。業務で忙しい中、時間調整するだけでも手間がかかり、そのために移動や準備に時間をかけるわけです。

ＷＨＹ思考がないと組織として危険です。「昔からやっていることだから」といって思考停止し、ＷＨＹに向き合わないのは本質を見落とす可能性があります。

相談に来て欲しい上司、相談に行きづらい部下

多くのリーダーは、「メンバーに向かって何かあったらいつでも相談に来い」と語りかけることがあります。しかし、実際に**メンバーがリーダーへ相談に行かない理由のひとつは心理的安全性が確保されていないから**です。「自分のことに興味を持ってくれていない」「相談しても怒られたらどうしよう、相談内容が他のメンバーに漏れ

てしまうのではないか」といった不安があると、メンバーはリーダーへの相談を回避します。ですから、その見えない不安を解消し相談のハードルを下げることが求められます。そこで有効なのが**雑談**です。

雑談は相手の精神的なハードルを下げる効果もあり、何でも言い合える心理的安全性を生み出すので、結果的に様々な情報を聞き出すことができます。優秀なリーダーはこの原理を理解していて、相手に多くの意見や情報を出させることを狙っています。例えば会議では、心理的ハードルを下げるために、いきなり本題に入ることなく雑談で会議室の空気を温めてから、意見を出し合うようにします。そうすることでたくさんのアイディアが出てきます。

クライアント26社に、アイディア出し会議の冒頭2分だけ雑談を入れたチームと、雑談を入れなかったチームでそれぞれ30組ずつ2週間実践して比較検証しました。その結果、雑談アリのチームは発言者数と発言数が2倍近くになり、かつ時間通りに終わる可能性は1・6倍高かったのです。アイディアがたくさん出れば、意思決定の判断材料は十分に集まりますので、「今日は時間がないから、次回再びアイディアを出しあおう」とはなりません。

変化が起きている市場に最も近いのが、現場のメンバーです。彼らから知見や考えを引き出し、経営陣に伝えることは必要です。しかし、その報告書を作ることが目的になってしまうと意味がありません。週報を取り纏《まと》めることがリーダーの役目だと勘違いしている大企業のリーダーは淘汰されます。メンバーの考えや意見を吸い上げて、それを経営に活かしていく橋渡し役としてのリーダーは、威厳があるだけではダメです。メンバーが気軽に会話ができる環境と仕組みを作ることで、経営と現場の橋渡し役ができるのです。

ねぎらいの言葉で始める

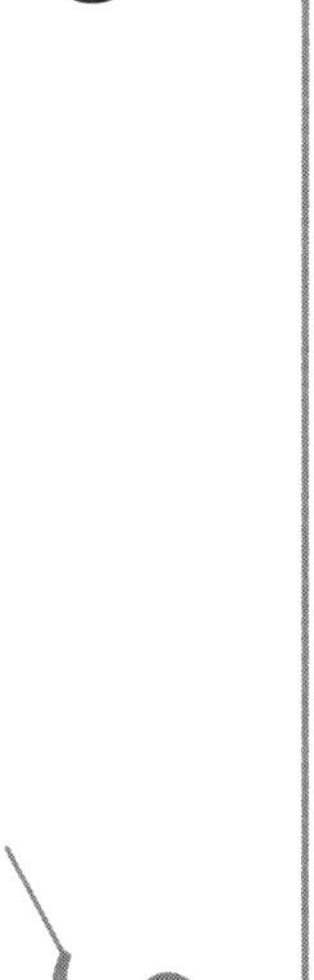

クロスリバーではクライアント各社にリーダー向けトレーニングを提供しています。その中で１ＯＮ１のロールプレイングをしますが、80％以上のリーダーは「よろしくお願いします」と言って始めます。しかし、一言目がメンバーの精神的ハードルを下げるために大切なのです。リーダーは意識していないかもしれませんが、「よろしくお願いします」で始まるとメンバーは身構えてしまい、面談のような空気になるのです。「マイナスのことは言わないようにしよう」としたり、「失敗を隠そう」と思ったりしてしまうのです。

ですから、まず開口一番にすべきは「ねぎらいの言葉」です。**「ねぎらいの言葉」はメンバーのモチベーションを増加させる効果があります**。頑張っている姿を認められたり褒められたりすると嬉しいのと同じで、仕事に対するねぎらいの言葉は意欲を湧かせます。ただし、勘に頼って褒めれば良いものではありません。メンバーの苦労や疲労を理解し、立場や心情に共感して言葉を伝えることが大切なのです。例えば、トラブル対応で深夜残業をしたメンバーに対して、「辛い仕事を夜遅くまで対応してくれてありがとう」と伝えるのです。

1ON1の前に具体的な事象を用意しておきましょう。「このリーダーは私のことを見てくれているんだ」と思ってもらうだけでも、メンバーのエネルギーは高まります。現状よりももっと褒められたい、認められたい、という欲求も満たされるので、より一層仕事に打ち込む人もいるでしょう。仕事はどれも大変ですが、その頑張りや努力を見てくれていると知るだけでも、もっと頑張れるのです。

ねぎらいの言葉をかける対象は、休日出勤や行動改善した時など広い範囲で問題ありません。特にチームで仕事を成功させた時は、ねぎらいと称賛の言葉をかけてください。「あなたのおかげです」とねぎらいの言葉を伝えましょう。成功させた安心感と共に嬉しさがこみあげてきますので、このタイミングでねぎらいを伝えると認められていると強く実感します。成功したと共に認められたことで、より仕事を頑張ろうという気分にもさせるのです。

仕事で疲れ果ててしまっているメンバーには、「大変でしたね、週末はゆっくりしてください」というような声かけが効果的です。「疲れ果てているというのを理解している」ということが伝わります。残業抑制などの解決策をすぐにアドバイスしてはいけません。**1ON1の冒頭ですべきは、解決ではなく共感**です。相手の気持ちをおもんぱかり、共感と承認をもとに「仲間同士」であると認知させてから対話を始めるのです。こうすることで、心理的安全性が確保され腹を割って話せる空気になります。

ヘルプ・アザーズ制度

私も含め日本人は、リーダー・メンバーや同僚に面と向かって「ありがとう」と口に出すのが苦手です。相手に対して感謝をしていても、恥ずかしくて言えないのです。そこでいくつかの企業が取り入れているのが**「サンクス・ポイント」**です。自分の職責を越えて助けてくれた同僚に対して、お礼の言葉を添えてポイントを提供するものです。ポイントが溜まれば商品やサービスに交換できます。

そのポイントの価値自体はさほど高くはないですが、同僚に感謝を伝えるツールとしての価値は高いと思います。感謝や承認の意をポイントシステムの形で表すのはハードルが低く、互いに気軽に褒め合うことができます。ポイントを与え合うことをきっかけに社員間のコミュニケーションを高めていく取り組みです。「ありがとう」と言われて不快に思うことはないですし、「そのように感謝してくれていたんだ」ということがわかるだけでテンションが上がります。

前職のマイクロソフトでは**「ヘルプ・アザーズ」**という評価制度がありました。CEO（最高経営責任者）およびCHRO（最高人事責任者）が全社員に対して「同僚を助けた人を評価する制度を導入する」と宣言しました。欧米のグローバル企業は、各個人の職責（ジョブ・ディスクリプション）が明確で人事評価がしやすい傾向にあります。ただ一方で、自分の職責だけ全うすればそれで良いと考えるメンバーがいるのも事実です。ドライで閉鎖的と言われるのはそのためです。

マイクロソフトがソフトウェア企業から脱して、世界一のクラウド企業に進化するためには、組織を越えた協働や他者への支援が必要だと考えたCEOは、「他者を助けた人には人事評価を加点する」と宣言したのです。以前から使っていた同僚にお礼を伝えるシステム「kudos《クドース》」も活用されるようになりました。このkudosはお礼メッセージが本人だけでなく、その直属上司にも送られます。このメッセージのことを1ON1で話すこともありました。

また、こういった同僚に感謝を伝える仕組みによって、**「サイレント・ヒーロー」**を見つけることができます。サイレント・ヒーローとは、人知れず会社に貢献してくれた見つけにくい主役です。もともと優秀な人を合理的かつ納得性をもって評価する企業は多いです。しかし、数字で評価しにくくても、会社にとって大きな貢献をしてくれた人はたくさんいます。

例えば、経理担当者が営業担当者のために大急ぎで帳票を出してくれたとしても、経理担当者は意外と感謝されないし褒められません。このような**サイレント・ヒーローをいかに見出すかはリーダーの重要なテーマです。サンクス・ポイントやヘルプ・アザーズ制度はサイレント・ヒーローを見つけるツール**でもあります。

相手の感情に寄り添う、素直に感謝を伝える。これがメンバーとの関係構築をする第一歩です。

共通点を探る

リーダーには年齢の差がある若いメンバーや年上のメンバーなど、世代の異なるメンバーを取り仕切る必要もあるでしょう。このような**世代間ギャップが存在する組織においては、とかくリーダーは萎縮しがち**です。余計な不安で頭がいっぱいになってしまうこともあります。「きっとリーダーは私のことなんか見てくれない」「きっと私の力なんて必要としてくれない」というような卑屈な考えが生まれてしまうケースが多発しています。しかし、匿名のアンケートをとってみると、お互いを嫌っていることはなく、むしろ双方がコミュニケーションのチャンスをうかがっているようにも見えました。

そのため、**腹を割って話ができるまで基礎的な人間関係を構築する必要があります。**

しかし、いきなり仕事の話から入ってしまうと、部下・上司の上下関係に陥りがちです。そこで**1ON1やチームミーティングでも、冒頭の2~3分で仕事とは関係ないプライベートの話をしてみる**のが良いでしょう。ただし、メンバーを不快にさせてしまうとむしろ人間関係が悪化してしまいますので気遣いが必要です。

そこでお勧めしているのが、**相手との共通点を探す**というゲームです。仕事以外で、歳の離れたメンバーや年配のメンバーとの共通点を見つけ出すということをゴールにするのです。例えば、趣味や好きなテレビ番組などで共通点が見つかれば言うことはありません。確実に盛り上がるでしょう。

しかし、それが一致することは極めて稀です。すると、天気の話や出身地の話などに話が移ることもあるでしょう。しかし、私はお勧めしません。なぜならば、天気の話はとても表層的な挨拶程度の会話になり、話の発展性がありません。また出身地や場所の話になると、不快に思う方がある程度います。例えば田舎出身の方や海外出身の方、勤務地から離れたところに実家がある方などはむしろ隠したいという気持ちを持っている方が一定数います。この初期の関係構築は、相手を不安や不快にさせることを避けないといけませんから、少しでもリスクのあるような話題はやめましょう。

そこでお勧めしているのが、食べ物と飲み物の話です。好きな食べ物やお気に入りのレストランの話などをして不快に思う方はほとんどいません。また食事という行為は誰しもがすることですから、共通点も見つけやすいのです。例えばラーメンが好きとメンバーが答えてくれたら、その後にとんこつラーメンなのか、醤油ラーメンなのかと話を膨らませることもできますし、「今まで一番おいしいラーメン屋はどこだった？」と聞けば自然な流れで場所の話にも移っていけるでしょう。もし好きな食べ物や行ったことのあるレストランなどで共通点が見つかれば、そこを起点としてプライベートのことを掘り下げていくことも可能でしょう。

私は全国のリーダー向けの１０Ｎ１トレーニングを２３９回提供してきましたが、飲食の話をしてメンバーが不快に思うというケースは５％未満でした。もちろんアルコールが苦手な若手に、お酒の話をずっと続けるのは不快でしょう。しかし、食べ物の話であればほぼ１００％相手が乗ってくるということがわかりました。

このように相手を不快に思わせないようにしっかりと表情を見つめながら、相手との共通点を見つけやすい飲食の話から始めていけば、その先のプライベート、価値観、考え方など深く話を聞いていくことができるでしょう。

応答技法を会得する

メンバーからの質問を歓迎するマインドセット

メンバーを育成する上で、「自分で問いを立て、調べて、理由を考えて、整理して、発表するという場」を積極的に作ることが必要です。また、リーダーがメンバーに対し「何でそんなこともわからないの？」などと言えば、メンバーは「質問することはいけないことだ」と認識し、疑問があっても解決せず放置する癖がついてしまいかねません。だから、リーダーはメンバーの質問に否定的な反応はせず、忙しくてもいったん手を止めてメンバーに向き合ってしっかり聞くことが大切です。そうやって「聞いてもいいんだ」「何を聞いても親は受け入れてくれる」という安心感と信頼感を与えることです。

3つの応答技法

1ON1で学ぶべきコミュニケーションは、3つの応答技法です。表情や首の動きなどを使った非言語コミュニケーションでしっかり聞く**「アクティブ・リスニング」**。2つ目は相手の存在や個性、考えを**「認めること」**。最後が、答えを教えるのではなく、答えの出し方を教える**「コーチング」**です。

特に最後のコーチングは、VUCA時代に大切になってきます。自分で冷静に考えて行動し、振り返りによって学びを得ます。その学びを次の行動に活かすことで行動変容が成功し、急激な外部変化に対してしなやかに対応できるのです。ですから、「業務指示は上司から降ってくるもの」「答えはリーダーが教えてくれるもの」とメンバーに思わせてはダメなのです。

かつての「優秀なリーダー」は、メンバーよりも業務経験が長く、多くを知っている大先輩であるので、画一的な成功パターンをメンバーに強制していました。「右向け」と指示したら、すぐに右を向く部下を育成していたのです。つまり、ティーチング（教えること）のプロフェッショナルです。しかし、それはもう通用しません。変化に対応していくための答えは、メンバー自身の中にあるからです。

自分で考える癖を持たせる

リーダーの役割とは、「メンバー自身に考えさせること」にあります。リーダーだからすべてのことにおいて指示をしなければいけない、ということはありません。そういったチームで仕事をしていると、リーダーの指示なしでは動けないメンバーになってしまいます。自ら考えることもせず、行動もできないメンバーでは、チームの成長は望めません。リーダーの役割は、**メンバーに指示を出して仕事をさせることではなく、部下に考えさせること**なのです。

例えばメンバーがミスをしたとします。それを叱るだけで終わらせてしまっては、その人の成長もチームとしての前進もありません。「なぜミスをしたのか?」「今後同じミスをしないためには何が必要なのか」を考えさせることが大事です。ミスをしたのはその人のせいではなく、環境が悪いせいかもしれません。それなのに、ミスをしたメンバーの責任にしては部下はやる気をなくしてしまいます。「リーダーにもわかってもらえない」と心を閉ざしてしまうでしょう。何かトラブルがあった時も同じです。パニックにならないことはもちろん、まずはトラブルを解決し、その後、トラブルが起きた原因や対策をみんなで考えていくことが大事です。

何かあった時や困ったこと、わからないことなどについて、リーダーが答えを出すのではなく、メンバーが考え、自ら答えを出すことが大切です。リーダーはその解答に行きつくまでを導くのが役割です。指示されたことだけをこなしていくと、仕事に対する意欲もやりがいも湧かないでしょう。自ら考え、行動していくことで、仕事へのやりがいや楽しみを見つけることができるのです。

私は学生時代からスカッシュという競技を行っていました。ユース日本代表に選出されて海外遠征に参加したこともあります。大学のサークルでは1年時から主将を務め、何とかチームを体育会に昇格させ、インカレ（全日本学生）に出場して団体戦で優勝することを目指しました。

後輩に指導する際に意識していたのは「自問自答する癖」を浸透させることでした。上級生の私が後輩にプレーの指示をしたら、考えずに従ってしまいます。それでは私を超える選手にはならないと思ったのです。

そこで、「何でそこでクロスショットを打たなかったのだ？」と言わず、「今、どう考えてそのプレーをしたのか?」と指導しました。後輩たちは考えてプレーをするので、どんどんプレーの質が上がっていきました。その指導法は後輩にも受け継がれて、私の卒業の翌年から2年連続でインカレ優勝したのです。

VUCA時代に外部の変化に気づくには、メンバー個人に「感じる責任」と「考える義務」を持たせなければいけません。そして、自ら考えて行動するには、メンバー個人に裁量させなければいけません。考えること、気づくこと、そして行動することは個人の判断に委ねないといけないのです。そのステップを支援するのがコーチの役割です。1ON1ではティーチングするのではなく、**コーチングをすることでメンバーもリーダーも進化していく**ことができます。

笑顔を忘れずに

相手の発言に応答する時には、非言語コミュニケーションが重要な役割を果たします。その中で最も重要であるのが笑顔です。ひとりが笑顔になればつられて周りも笑顔になります。くだらない雑談をすると笑顔の人が増え、結果として心理的安全性が確保されます。だからといって、相手を笑わせようとする必要はありません。それよりも**「自分が笑顔でいること」**が大切なのです。自分が笑顔になれば、それが伝播《でんぱ》して相手も笑顔になります。

例えば、メンバーとの距離感を縮めるために、ジャーナリストの池上彰さんが話すような雑学や豆知識をメモにとります。顧客訪問の冒頭でも使えそうです。こういった仕事とは関係のないちょっとしたことを笑顔で話すことで、メンバーに笑顔が伝播します。笑顔を心がけることはすぐにでも始められます。笑顔で仕事に臨み、良い印象を持ってもらうことで仕事がスムーズに進められることを実感すると良いでしょう。

関係の「質」を高めるために個性を認める

挨拶＝存在を認めること

メンバー同士のコミュニケーションはどのように取れば良いでしょうか。私は17年にわたりチームを受け持っていましたが、これまで全員が仲良しというチームは一度も経験したことがありません。相性の悪い人同士というのは必ずいるものです。しかし、それでも良いのです。

「あの人とはどうしても意見が合わない」ということもあるでしょう。しかし、「組織のゴールを達成するには、彼が必要だ」「あの人に任せたら絶対にこなしてくれる」というように、メンバー同士がお互いを認め合うことが必要です。そして何よりも大切なのは、認めてもらうように意識することです。もちろん偶然にも仲良しであればその必要はありません。しかし、組織内には色々な人がいます。その中で自分の良いところを認めてくれと待っていてもダメです。**自ら自分の良さを開示していくことがなければ認められることはありません。その原点は挨拶**だと思います。体育会系の儀式的な挨拶ではなく、心からの自然な挨拶です。

シアトル郊外に住んでいた時、街中で知らない人がすれ違いざまに「Good morning」などと挨拶をしてくれました。近くのカフェに行った時も明るい笑顔で「How are you ?」と自然に声をかけてくれました。その後ににっこりと笑顔などされると、より幸せな気持ちになります。これは、「私はあなたを受け入れる準備ができていますよ」というコミュニケーションです。このような**相手を認める、そして認めてもらうために挨拶や雑談等のカジュアルなコミュニケーションの機会を作るのがリーダーの役目**です。

人と比較しない

メンバーの自己肯定感を高め、個性や才能を引き出すためにできることは何か。それは、他人と比較することをやめ、他人と違うことを推奨することです。メンバーは他人と比較されると、自分自身も他人と比較しなければ自分の価値を認識できなくなってしまいます。つまり、自己肯定感が低くなるのです。そのため、人の目を過剰に気にして、人と劣っていれば挫折感や劣等感あるいは嫉妬心を抱き、人より優れていることに優越感を覚え、マウンティングをするようになってしまいます。

リーダーが率先して「人は人、うちはうち、それぞれ違っていて良いんだ」という姿勢を見せることが大事です。そして、メンバーが他の人とは違うことで、周囲に理解されないことがあっても、「変わっている」と言われても、それを歓迎します。人と違う意見や行動をリーダーは、「素敵だね、面白いね、それ良いね、良いアイディアだね」と喜んであげるのです。そうすれば、「自分は素の自分を出しても良いんだ」と思えるようになります。人と違っても、堂々と自分の意見を言えるようになります。それは、自分と違う他人を受け入れられる寛容性につながり、他人を尊重する心が養われていきます。

これからは変わった人物が活躍し、逆に普通の人が損をする時代になっていくと感じます。例えばインターネット黎明期に多くの人に情報発信をする人は、「変わった人」とレッテルを貼られていることがありました。「変わった人」よりも、学歴が高く「優秀な人」が社会で成功しやすい時代もありました。

しかし自分から情報発信が可能になり、色々な生き方・価値観をマッチングさせることができる時代となり、それが経済的価値を生むようになりました。そのため今は、「変わった人」が得をする時代になっているのです。同調圧力に負けずに個性を出さないと損をしてしまうのです。ユーチューバーを変人だと思う人がいまだに多いようです。ユーチューバー本人の周囲にはそれを面白いと思える人がいなくても、世界には面白いと思ってくれる人がいて、そういう人たちをネットがつないでいるのです。

極端な話、１００人中99人に嫌われても、ひとりが狂喜乱舞して喜んでくれたらビジネスになるのです。世界70億人の１％は７０００万人。ひとり１００円ずつ課金しても70億円の収入になるわけです。今や、著名な経営者やビジネスパーソンもYouTubeを使ってオンラインセミナーをしています。昔は変な人しかいないと思われていた閉鎖的なコミュニティーが、今や世界が認めるビジネスプラットフォームになっています。

もちろん、起業家も変わっている人が多いです。しかし誰もが認める成果を出しているから、周囲は「この人はこれで仕方ない」と受け入れるしかないわけです。つまり、**自分のオリジナリティを突き詰めれば、「競争が存在しない」市場になります。**

なぜ普通の人が損をしやすいのかというと、普通の人は普通に器用なために、その環境に適応できてしまうからです。そこそこ勉強ができて、そこそこ空気が読めるから会社に順応できる。それが自分を押し殺して生きていることだとなかなか気がつきません。

そのうちに「自分はこの会社でそこそこやっていける」という小さな自信が芽生え、生き方を変えようとは思わなくなります。自分の個性を発揮しようという思いが希薄なため、自分の価値を発見できない。そういう機会も持とうとしない。その結果、自分らしさや自分の幸せを見失ってしまう。しかし、本当の自分を隠して自分らしく生きなければ、モチベーションも情熱も続かず、充足感も持てないのです。

リーダーとしてメンバーに興味を持ち、「違い＝オリジナリティ」を歓迎することで、関係構築のスタート地点に立つことができるのです。

関係の「質」を高めるために話は体で聞く

Facebookやテレビを見ながら片手間で会話をする人がいます。これは相手に対して失礼で、その話の内容をよく理解できていないケースが多いです。中にはマルチタスクでメールを処理しながら話を聞くということができる人もいます。しかし、それは個人の能力によるものであり、相手にとっては不快な思いを与えてしまうものです。

より良い関係を相手と構築するためには、何かの片手間であってはいけません。会話にきっちりしっかりと集中することです。つまり、人と話す時は、お互いに言葉を交わし、話のニュアンスを聞き逃さずに応答しないといけないのです。この習慣は、相手にしっかり興味を持ち注意を払って聞いているということを示す効果もありますが、人が話している時の基本的なマナーでもあります。相手の話をよく聞く時には、次の５つを意識します。

①聞くことに徹する

相手の話を遮《さえぎ》ったり、自分の意見を述べたり、すぐに問題の解決策を示そうとするのではなく、ひたすら相手の話を聞きます。メンバーとの１ＯＮ１などで、途中でスマホを見たりメールの処理を始めたりする人がいます。いくら急を要するトラブル対応であっても、相手との話の中で相手の会話を中断していきなり作業をすれば、相手のプライドを傷つけ長くその記憶が残ってしまうものです。

私自身も、キャリアの岐路に立たされた重要な相談の時に、当時の上司が途中で突然立ち上がり、別のミーティングに向かったことを今でも鮮明に覚えています。また、クライアント企業でリーダーシップトレーニングを行った際にも、「１ＯＮ１中にメールや電話をしたら、メンバーがとても不快に思っていた」という経験をよく聞きます。もし、緊急対応をしなくてはいけないのであれば、会話の前に「顧客から電話がかかってきたら電話に出るかもしれません。その時はごめんね」と一言添えておけば良いのです。その一言があれば、相手を不快にさせることはないでしょう。

また、会話の途中でも緊急事態が発生したら、一言だけ言って中断してまた次の機会を約束するのも良いでしょう。特に日本人は、ネガティブサプライズ（予測しないマイナスの驚き）が苦手ですから、今後発生しそうな状態を予《あらかじ》め説明しておいたほうが、相手を混乱させることがないのです。

②適度なアイコンタクトをする

相手の目を見ることはマナーの基本で、こちらが相手に関心を持ち、話すことに注意を傾けているということを示します。じっと見続けていると相手が萎縮してしまいますから、6～7割ぐらいを相手の目を見て聞くくらいが良いでしょう。

言葉は、人によって「感じ方」や「解釈」が異なることもあります。言葉は思っている以上に曖昧で不確実なものです。この不確実な情報を補ってくれるのがノンバーバルスキルです。バーバル（口頭）以外の全てのコミュニケーションを指し、表情や声や会話のリズムなど、言葉以外から沢山の情報を受け取り、コミュニケーションに役立てることができます。相手の表情や声、話し方などから、相手の感情を推測したり、状況を判断したりした経験は誰しも持っているでしょう。

オンライン会議で「顔を映す」と、参加している人達の顔が並ぶので、楽しい顔で参加している人、退屈な顔で参加している人など「表情」からその人の「感情」が見えやすくなります。また、他の人の「表情」だけでなく、対面（Ｆａｃｅ ｔｏ Ｆａｃｅ）の会議では見ることができない、自分自身の「表情」を見ることもできます。

③間を空けて質問する

話の内容を確認したい時であっても、一度間を空けてから質問することで相手を責め立てるイメージは払拭できます。また、話の内容が理解できない時も少し間を空けてから、「つまり、〇〇ということですよね?」と言い換えて返します。仮に相手の意見に反論する時も、間髪を入れずにダメ出しをするのは逆効果です。少し間をおいて、まず相手の意見を受け止めてから、「さらに」「もしくは」と言って対案を出すことで、相手を受け入れの姿勢に持っていくことができます。

④首で聞く

思っている以上に、人は聞き手の表情や体の動きをよく見ています。自分の発言に興味関心を持って聞いてくれているのかを見ているのです。口角を上げて笑顔で聞くことも重要ですが、最も相手を安心させるのは**「うなずき」**です。顔の表情だけでなく、首を上下にゆっくりと揺らしながら聞くことで、「しっかり聞いている」「あなたの意見に共感する」ということを体の動きで伝えることができるのです。

　クライアント各社のリーダーシップトレーニングでも、この「首で聞く」練習

図9　場の雰囲気の作り方

肯定・興味を示す
基本はベタスマイル
好意を意識的に出す
「口角を上げよう」と意識する
前のめりになる
「興味を持つ」を全身でアピール
話は前のめりになって聞く
あごは微妙に引く
「上から目線」になるのを防ぐ
あごをほんの少し下げる

を何度もします。この動きは習慣化してしまえば、自然と行うことができるようになります。実際に、首で聞く姿勢を身につけて会話をするようにしたら、その後の追跡アンケートで「メンバーのエネルギーが高まっていくのを感じた」と答えるリーダーは73％もいました。

⑤共感する

話し手と同じ感情を持つように努めましょう。嬉しい話なら一緒に嬉しがり、悲しい話なら一緒に悲しむのです。オウム返しで相手の意見を繰り返しても良いでしょう。相手の感情や言葉を代弁することで、相手は受け入れられたと認識します。

多くのリーダーはどうしても解決しようと考えてしまい、共感することを忘れてしまいがちです。まずは相手の喜怒哀楽に共感することに努めましょう。それだけで、相手が楽になり解決するというケースも多分にあります（図9）。

思考の「質」を高めるために内省をする

1ON1でメンバーにより多くの時間を割くのは、「自分を主語」にして主観的に話してもらうためです。1ON1は、メンバーにとっては止まって考える貴重な振り返りの時間です。企画書がどうだったとか、景気が傾いているとか状況を説明させるものではありません。企画書が通らなかった時に「あなたはどう思ったのか?」、不景気の時に「あなたならどうすべきと思うのか?」を話してもらうのです。その発言を丁寧に聞いて、さらに思考を深めていくのです。

「なぜ?」「それはなぜ?」と問いを繰り返すと、解決策を詰問している印象を受けてしまいます。そこで、共感を示してまずじっくり受け止めることです。メンバーの考えを頭ごなしに否定してはいけません。まずは聞き入れます。いきなり解決策を提示してもいけません。あくまでも、メンバー自身が気づきを得るための時間です。メンバーに関心を示して、丁寧に掘り下げていきましょう。質問する際は、YESかNOのクローズドクエスチョンではなく、「どう思うか?」「なぜそう思うのか」のオープンクエスチョンで、メンバーの考えを深めていきます。

反省ではなく内省

VUCA時代は、この「振り返りの時間」がどれだけ確保できるかが、企業も個人も勝負になると私は考えています。なぜなら社内で無駄に時間を費やして思考停止してしまっては外部の変化に気づかず、その対応も遅れてしまうからです。

反省の主な目的は「誤り」を正すことです。これまでに起こった事実に対して、どこが悪かったのか自分自身の間違いについて思い出し、原因や理由について深く探ります。スポットを当てる部分は「間違い・ミス」であると言えます。

一方で、**内省は間違いやミスだけにスポットを当てるのではなく、俯瞰的な視点で振り返って客観的に自分の行動を見つめます**。客観的な立場でリーダーがメンバー本人に問いかけることで深く考えさせるのです。「現状はこうである、それまでに自分はこんな行動をしてきた。例えば、もう少しうまくいく方法はあっただろうか?」と今後より一層の効果をもたらすために、**未来志向で振り返るのが内省**の特徴です。内省をすることにより、新たな発見や気づきがもたらされます。気づくことにより、行動を改善するきっかけになります。1ON1で行動を改善することを確認し、次回の1ON1でその結果を振り返ります。つまり、気づきをもとに仮説を作り、それを検証していくサイクルが身につくのです。これが行動変容の仕組みです。大幅な改善は精神的なハードルが高まり、行動しない可能性が高くなります。はじめは小さな一歩(ライト・フットプリント)によって変化を実感し、その手応えをもとに次の改善につなげていけば行動変容が定着します。

「自分の仕事のどこに無駄があったか」「もっと削れる部分はあるんじゃないか……」。おそらく「もっとスムーズに進められた仕事」「やらなくても良かった仕事」「他の人に任せれば良かった仕事」が見えてくるはずです。スムーズに進めるべき仕事は、リーダーや仕事のパートナーに「今、いいですか?」と相談していれば、もっとスムーズに進んだかもしれないし、「やらなくても良かった仕事」は「できません」と断れば良かったかもしれない。このように振り返ることで、新たな改善点がいくつも見えてくるはず。来週以降は、それを少しずつ改善していけば良いのです。1回の振り返りで、仮に1日10分の無駄が発見できれば、月に3時間半も新たな時間が捻出できるのです。

内省は個人で行うことができますが、1ON1を通じてリーダーとメンバーが行うことで客観的な振り返りを実現できます（図10）。新たな気づきや改善点が見つかり、メンバー個人だけでなくチーム全体が活性化します。また、リーダーが内省を行うことで、マネジメントにも新たな変化が生まれます。チーム全体のマネジメントが効率よく行えれば、自然と業務自体も改善が進んでいきます。最

図10 内省の仕組み

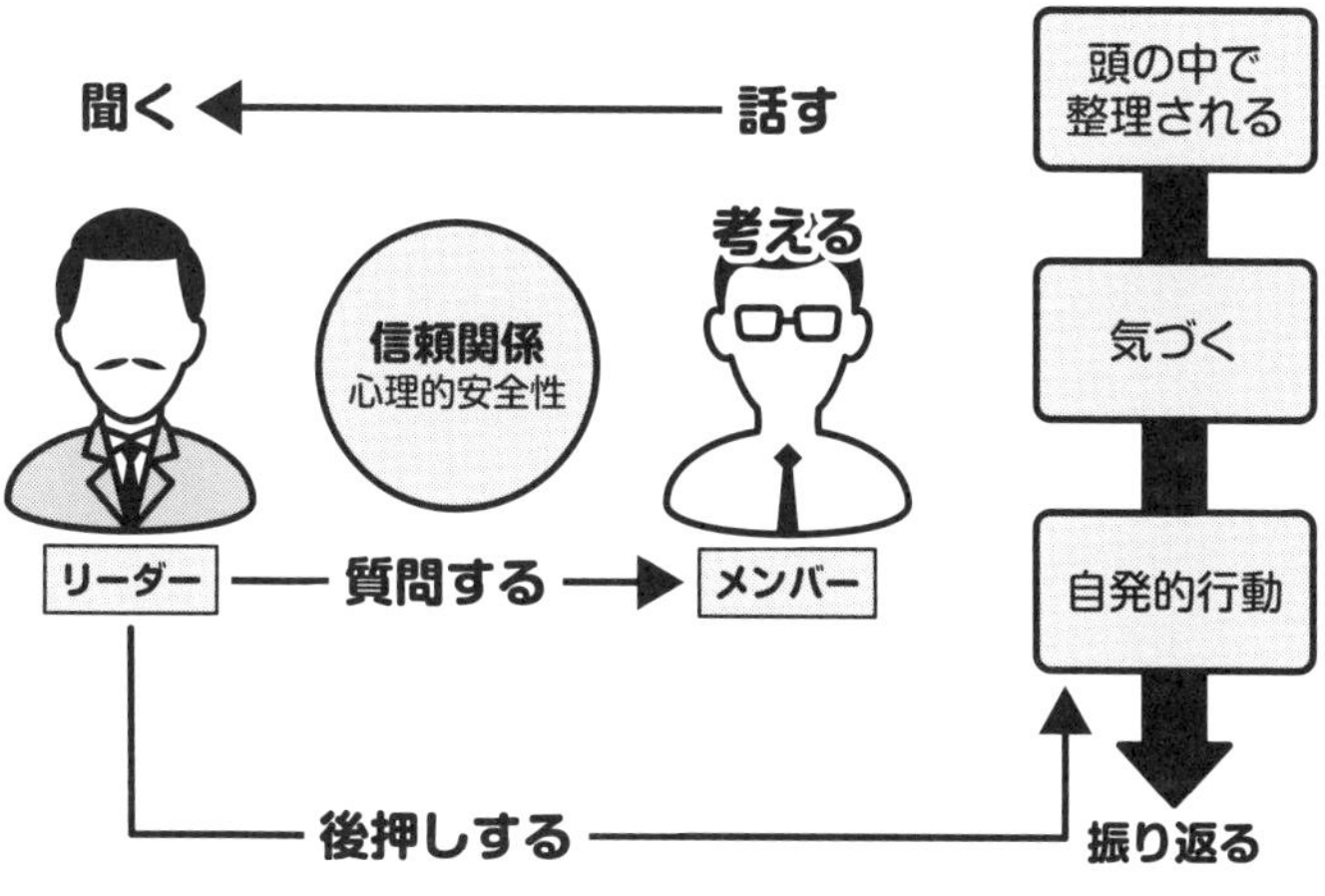

終的にはメンバー全員が各自で内省を行うように進めていくことで、チーム全体の力が底上げされます。

リーダーが支援する4つのステップ

具体的なリフレクションの方法を確認していきます。ステップとしては、主に以下の4つを段階的に進めていきます。

1. 直近の2週間を振り返り「内省する事例」をピックアップする
2. ひとつの事例をプロセスごとに分けて客観的に振り返る
3. それぞれのプロセスごとに、「何ができていたか、他に何かできることはあったか」を一緒に考える
4. 次回の1ON1までのアクションを確認する

漠然と考えているだけでは、本来どのポイントで改善が必要だったのかが明確になりません。そこでひとつの事例に焦点を当てることがポイントになってきます。さら

に事例を細かく分解し、それぞれの工程を客観的な視点で振り返ってみます。結果的に成功していたとしてもそれぞれの工程で、良かったこともっと改善の余地があったところの両面が見えてくるでしょう。

最後は必ずアクションで締めくくります。学びをもとに行動を修正しておくことが目的です。アクションはメンバーだけに課すのではなく、なるべくリーダー自らも何かしらのアクションをすることをコミットしてみてください。「リーダーがやるなら自分もやってみよう」と思わせる返報性の原理が働きます。

思考の「質」を高めるために「やる気スイッチ」を

生産性向上のドライバーはモチベーション

リーダーはメンバーのモチベーションを上げることがミッションです。優秀なリーダーは、メンバーを信じて期待をかけていることを口に出します。「あなたは本来もっと力があるはず」とか「ポテンシャルを遺憾なく発揮している姿をみてみたい」などです。一方、ダメなリーダーは「頑張れ」と口にします。これでは、メンバーは何を頑張れなのかわかりません。何のために仕事をしているのか腹落ちさせること、やらされ仕事ではなく目的のあるものだと気づかせて、一歩踏み出す勇気を湧き立たせることが真のリーダーです。

やらされ感の払しょく

やらされ感が生まれるのは、その施策が組織と個人の成長にどうつながるかというシナリオが見えていないからです。つまり、WHYが理解できていないのです。意義と目的が明確になっていれば、メンバーは迷うことがありません。迷いがなければ集中して仕事に没頭できるわけです。

人が行動を起こすには3つの要素が必要になります。「動機づけ」「能力」「きっかけ」です。ダイエットを例にします。「最近太ってマズい」という動機があり、ジムに行く時間やトレーニング機器を持っているという能力、好きな人ができたり健康診断でB判定が出たなどのきっかけが合わさると、ダイエットという行動を起こします（図11）。3つの要素で最も重要なのが動機です。そもそも太っていると認識していなければダイエットはしません。自分にメリットがないと動機づけされないのです。

この動機づけは2種類あります。お金など何らかの報酬を目的に活動する場合、あるいは叱られたり罰を受けるのを避けるために活動する時は「外発的動機づけ」、自分の興味や感心を起点として行動を起こすのは「内発的動機づけ」です。働きがいや

図11 人が行動する方程式

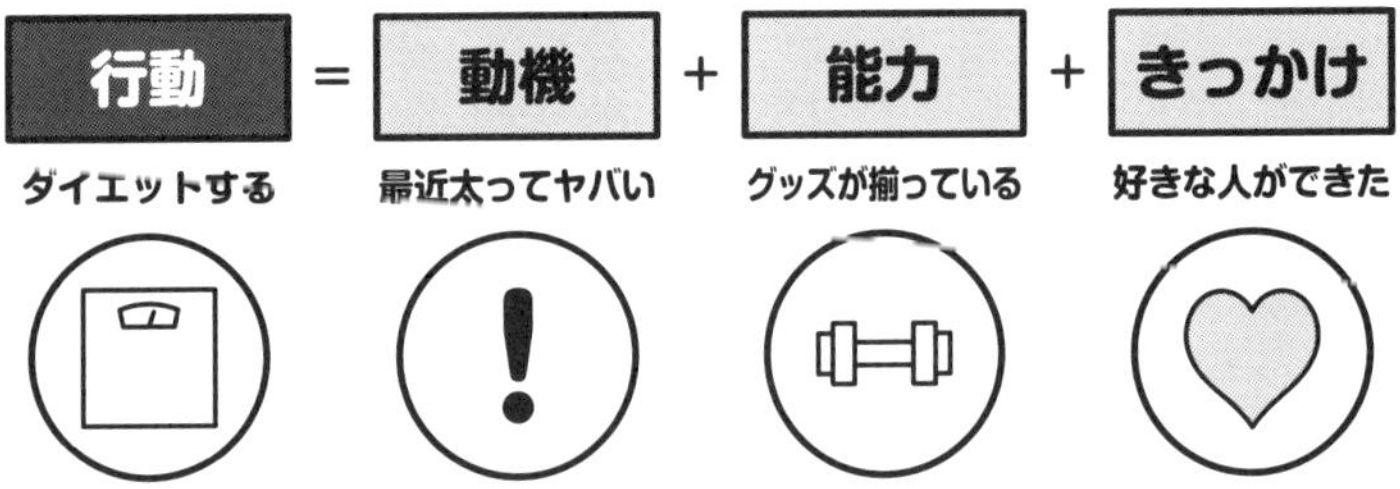

やる気は「内発的動機づけ」の中にあるのです。

内発的動機づけとは、仕事そのものに対する興味・面白さのことを意味しています。仕事に対する肯定的感情の中には、こうした内発的動機づけも含まれています。人間は、誰かに命令されたり、報酬を約束されたわけでもないのに、自分から進んで活動に取り組むことがあります。自分が楽しいと思える活動に没頭している時など、誰しもこのような経験を持っています。

アンダーマイニング効果

内発的に動機づけられている時、すなわち人が興味を持って自発的に取り組んだ課題に対し、お金で報いればどうなるでしょうか。常識的に見れば、好きなことをやってその上にお金までもらえれば、もっとやる気が起こりそうに思えます。しかし、そう簡単ではないことが研究で示されています。米国のロチェスター大学の心理学者が大学生を対象に実験を行いました。パズルに夢中になった学生に報酬としてお金を渡したところ、パズルに取り組む内発的動機づけが低下することが見出されました。

一方、お金を渡さなかった大学生は、内発的動機づけの強さに変化は見られませんでした。このように、内発的動機づけが外部からの報酬によって低下してしまう効果を、**アンダーマイニング効果**と呼びます。この効果が起きるのは2つの欲求が関係しています。ひとつは自己決定の欲求です。これは、自分の行動の原因は自分自身でありたいと思う欲求です。もうひとつは有能さへの欲求です。これは、能力が高い人間でありたいと思う欲求です。

自分が決定しているという感覚、つまり、仕事を行う際、この仕事に取り組むこと自体や仕事のやり方について、自分自身で決定しているという感覚と、その仕事を上手にこなせるという自信が、内発的動機づけを生み出すと考えられています。そのような時、もし報酬をもらえれば、「自分は報酬のためにこの仕事をやっている」と感じてしまうでしょう。そう感じた時、自己決定の感覚は低くなり、内発的動機づけは低下します。しかし、もし報酬をもらっても「自分の能力を評価してもらえた」と感じることができれば、有能感が高まり内発的動機づけは高くなります。

したがって、仕事に対する内発的動機づけを高めるためには、仕事に対する「やらされ感」を軽減し、仕事を行う人自身が決められる余地を増やすことが重要です。もうひとつは、仕事をさせるために報酬を出すのではなく、あくまで本人の能力や工夫に対する評価として、報酬を与えるという方法です。

CHAPTER 5

テレワークを成功に導く9つのアクション

コロナ禍により、世界中の企業は社員に在宅勤務を指示しました。その結果、日本でも飛躍的にテレワークが浸透しました。経団連（日本経済団体連合会）の調査（「緊急事態宣言の命令に伴う新型コロナウイルス感染症拡大防止策　各社の対応に関するフォローアップ調査」２０２０年４月）によると、参加企業の90％以上でテレワークを実施したそうです。

少なくとも、週に１回テレワークで作業する専門家の数は２０１０年以来４００％増加しています。最近の調査では、雇用者の67％が、普段はテレワークをしていないメンバーを、在宅勤務できるよう許可するための措置を取っていることがわかりました。

テレワークという働き方の選択肢はずっと残ります。標準オプションになります。テレワークのほうがむしろ生産性がアップした企業もあります。「もう通勤ラッシュが怖くて電車に乗れない」という人もいます。家族と時間を共有することの重要さに気づいた人もいるでしょう。

これらの課題に直面して成功し、メンバーが成功できるようにするため、テレワークで目の前にいないメンバーを管理するための９つの方策を次に示します。

⑴ セルフマネジメント力を育てる

在宅勤務でサボる社員の94%は職場でもサボる

「社員がサボっているのではないか」という質問が多数あります。確かに社員の14%は在宅勤務中にサボっています。しかし、そのうち94%は出社していてもサボっていたのです（クロスリバー独自調査）。

問題は働く場所ではなく、職責、適切な目標設定と評価制度です。**リーダーは細かく管理することを避け、成長の機会を提供するタスクを与え、正しく評価する義務があります**。メンバーに重要なプロジェクトを任せ、主要な組織プロセスに関与させることで、メンバーの貢献を評価し、より強固な信頼関係を築くことができます。そして、**メンバーは自分を律するセルフマネジメント力を磨かなければいけません**。

衝動性VSセルフマネジメント

セルフマネジメントを理解するには、その反対の概念である「衝動性」を知っておくと良いです。衝動性とは、例えばダイエットをしている人が目の前のお菓子についつい手を伸ばしてしまうとか、明日早く起きなければいけないとわかっているのにゲームで夜ふかしをしてしまうなど、後で得られる結果よりも、即時的な目の前の結果を優先してしまうことです。

セルフマネジメントとは、この衝動性に抗《あらが》い、後で得られる結果（体重が減るや翌日ちゃんと起きられるなど）を選択する能力のことです。これがあれば、自分をコントロールできるので、細かく管理しなくても成果を出し続けることができます。

上司の目の前でスマホを使いゲームを始めれば、ゲームの楽しさを上回る嫌な出来事が生じてしまうでしょう。会社にいればテレビや漫画等などの娯楽行為を誘発する刺激も少ないはずです。出勤時間にせよ、仕事への取り組み方にせよ、職場の環境は衝動性に抗うという意味でとても効率の良い仕組みだと思います。

ところが在宅で働くようになると、この様相が一変してしまうわけです。職場からの強制力が弱くなり、様々な衝動性に自分の工夫で抗う必要があります。よって、セルフマネジメントが大切になるのです。

3つの方法で衝動性と戦う

今までの職場であれば適切な行動でポジティブな反応を得たり、不適切な行動でネガティブな反応を得たりしていたはずです。相手は上司であったり同僚であったりお客様であったりと、「人同士の反応」によって、人の行動は適切な範囲に収まるようになっています。ところが、仕事環境が自宅になってしまうと、こういった人同士の反応が今までよりも圧倒的に少なくなってしまいます。

一生懸命に仕事をしても、声をかけてくれる人がいないかもしれません。寝坊をして仕事始めが遅くなっても、怒る人がいないかもしれません。ちょっとした雑談をする相手が近くにいないかもしれません。様々な行動に対し、それまであったメリットやデメリットがなくなってしまうのです。その難しい状況下で自分を律する力を身につけさせるための施策は、以下の3つです。

1.「行動と記録」

改善すべき具体的な行動を定義し、その行動に関する記録を取ることです。ダイエットであれば、「食事のメモを取る」という行動を決定した上で、その効果を検証するために体重を記録したりすることでしょう。変えるべき具体的な行動の決定がとても大切です。セルフマネジメントでは行動を変えるための様々な工夫をしますが、どの行動を変えるかがはっきりしていなければ工夫のしようがありません。また記録を取らなければ、その工夫の効果を検証することができません。行動と記録の枠組みは、セルフマネジメントにおける基本中の基本です。ただし、この記録を毎日のように提出させるのは避けてください。著しく効率が落ちますし、記録をごまかすメンバーも出てきます。後述の「(5)業務進捗が見える仕組みを作る」をすれば細かい報告は不要です。

2.「自己強化」

行動は何らかのメリット（良いことが生じたり嫌なことを避けられたり）が伴えば、行動くり返し習慣になっていきます。反対に、行動に何らかのデメリットが伴うと、行動することを「積極的に避ける」ようになります。あるいは、行動にメリットもデメリットも伴わないのであれば、その行動が定着することはありません。このような状況では、自分で工夫して適切な行動には何らかのメリットが生じるようにしていく必要があります。これを**「自己強化」**と言います。

ちょっとした工夫から導入してみると良いでしょう。例えば、仕事中にコーヒーを飲む習慣がある方なら、まず1時間仕事をやったらコーヒーをいれても良い、といった自分への約束事を作ってみても良いです。そうすれば、1時間の仕事に対して「コーヒーという報酬」が生じるようになります。

あるいは、仕事の中間成果物をビジネスチャットに投稿して、メンバーの反応をみるのも良いでしょう。あるいはスケジュール上の締め切りではなく、仕事を前倒しするために、ビジネスチャットで「来週水曜までに資料を仕上げます」と宣言してみるのも良いかもしれません。セルフマネジメントというと、自分で自分の行動をコントロールするかのようなイメージがあるかもしれません。しかし、前述のように他人をうまく巻き込んでいくことも立派なセルフマネジメントです。他者からの反応が乏しくなるテレワークだからこそ、うまく他者の反応がわかるような仕組み作りが必要です。

3．「自己評価」

自己評価とは、何か改善したいことがあった時、その活動についてのパフォーマンス目標を設定し、実際に取り組んだ後にその基準と比較してどうだったかを自分で評価することです。自己評価の結果、事前に設定した基準に達しているのであれば、十分なパフォーマンスが発揮できたことを自覚できます。基準に到達できるよう、行動自体や行動を左右する環境要因等を調整することができたかを振り返ります。もし何か工夫した結果、以前よりも基準に近づいているのだとすれば、その改善の方向性は妥当です。

自己評価の枠組みにおいては、このように自身の活動をどのように進歩させたいのかという意図を反映したものであるべきで、意図に沿った妥当なレベルのハードルとして、リーダーがパフォーマンス目標を設定すべきです。この枠組みをうまく使いこなせれば、メンバーにとってちょうど良いペースで前進することができます。

（2）雑談で心理的安全性を確保する

「心理的安全性」があるチームは発言数が増え、生産性が上がることは前章で説明しました。テレワークでも「心理的安全性」は必要です。メンバー間のコミュニケーションで使うビジネスチャットやオンライン会議では、「心理的安全性」が担保されていないとうまく対話ができません。

コロナ禍でテレワークを実施していたチームにアンケートを行いました。それによると、「心理的安全性」が確保されているチームＡは89％が「うまくいっている」と答え、そうでないチームＢは92％が「うまくいっていない」と答えました。テレワークというと、どうしてもノートＰＣやＷｅｂカメラ、ヘッドセットなどの「ハード面」に目が行きがちです。しかし、心理的安全性や意識変革などの「ソフト面」も見直していかなければうまくいきません。

オンライン会議ではビデオをオンにして冒頭の2分は雑談を行うなど、お互いに意見が言い合える関係を構築しましょう。さらには、オンライン会議の冒頭で各自の役割を明確にすれば、テレワーク参加者が孤立することも防げます。「テレワーク参加のAさんにもイベント企画の際にアイディアを聞きます」と、先に主宰者が宣言しておけば、テレワーク参加者は発言しやすくなるはずです。

雑談で**心理的安全性を確保する上で重要なことは、はじめにくだらないことを言うこと**です。そうしないと、周りの人たちは精神的なハードルが高まり発言しにくくなります。安全性が確保されていなければ話さないほうが安全なわけですから、発言量が減り結果的にその会議の目的を達成しません。

過剰な気遣いで作成資料が増える

クライアント企業の業務変革を進める上で**「過剰な気遣い」や「忖度」が無駄**な時間を費やしていることもわかりました。例えば、「必要そう」に思われる資料は96％使われていなかったのです。この「〜そう」という考えは、往々にしてリーダーへの過剰な気遣いから生まれます。リーダーとメンバーのコミュニケーションが十分取れていて互いに「心理的安全性」を感じられれば、資料の要否を事前に確かめられ、「必要そうな書類」はなくなるはずです。

ビジネスチャットで雑談を

雑談は会議だけでなく、ビジネスチャットでも活用することができます。特にテレワークの場合は、目の前にメンバーがいないために普段気軽に話している会話が少なくなります。そのような時は、率先してリーダーがメンバーに雑談を持ちかけるべきです。実際に、2020年3月のテレワーク実施中に雑談を心がけたリーダーは、「メンバーから相談を受けたり、意見交換ができた」と答えています。このように、**職場でもテレワークでも雑談ができる環境作りができていれば、場所に関わらずメンバーか相談を受ける機会が増えます**。クライアント企業8社では、グループチャットで雑談チャンネルを作り、仕事とは関係のない会話で盛り上がっています。また3社ではオンライン会議のZoomで「雑談ルーム」を常時開設し、休憩中にコーヒーを飲みながら組織の壁を越えて会話を楽しんでいます。

（3）透明性を保つ

透明で一貫性のあるコミュニケーションは、テレワークのメンバーを動機づけて、コーチングをするために重要です。**透明性は、すべてのリーダーが必要とする重要なコミュニケーションスキル**のひとつです。メンバー間の「情報格差」をなくすことも透明性を高める上で必要です。テレワークを進める中では、「メンバー間で情報の格差が生まれていても、それ自体を把握しづらい」という難しさがあります。

そこで、クライアントの精密機器メーカーA社は、オンライン会議のレコーディングを、例外を除いて全社に公開しました。例外にしたのは、株価に影響のある機密情報、評価や異動に関わる人事情報、そして上司と部下の1ON1です。役員会議の様子までガラス張りにしました。またオンライン会議中は、議事録を作成する様子を参加者に見せて、会議の進捗も見えるようにしました。

「透明性を保つ」とは、事実を共有することです。情報を抱え込まないことであり、秘密を作らないことであり、妄想を生まないことです。「透明性を高める」とは、オープンにするということ。偽らず、メンバーたちが確認できるような形で真実を話すことです。そして、透明性を高める行動は「誠実であり正直で憶測ではなく事実」の原則に基いて伝えることです。透明性を高めることと逆の行動とは「隠すこと、曖昧にすること、そして混乱させること」です。

テレワークでは、メンバーはリーダーの仕事が見えないため不安になります。またリーダーとメンバーが会話をしている様子も見えないため、憶測が飛び交います。「Aさんだけ優遇している」や「私のことだけ対応してくれない」といった事実と異なる噂が回ってしまうものです。このような不満を呼ばないように、過剰だと思うくらい情報を公開したほうが良いでしょう。

ビジネスチャットでは、1対1の個別チャットは極力避けて、チームメンバーが参加しているグループ（チャンネル）で会話をしてください。もし特定の人と対話をしたい時は、文章入力欄に@を入力するとチャット上のメンバーが一覧表示されるので、相手を特定してその中で個別会話をしましょう。オンライン会議はレコーディングをして全員で共有しましょう。ビジネスチャットのグループが職場や会議室だと思ってください。ガラス張りの会議室の中でコミュニケーションをしているようにメンバーに思ってもらえればＯＫです。

定期的な１ＯＮ１で、メンバーから情報を抱え込んでいるように見えないかフィードバックをもらってください。もし隠しているように思われていたら、どうすれば透明性を保つことができるか話し合ってみてください。「何かあったら連絡してくれ」という一方的な声かけが効果的でないことは、メンバーからのヒアリングで判明しています。リーダーはメンバーから声かけされやすい空気を作り、定期的な対話によってメンバーが心理的安全性を持っていれば「何かあったら連絡」できるのです。

（4）オンライン会議を使いこなす

テレワークではSlack《スラック》やTeams《チームズ》などのビジネスチャットで、情報共有や共同作業、タスク管理を行います。メンバー同士が**業務の進捗を可視化**するように努めます。例えば、始業の際に「今から始めます。今日はAとBの作業を終えます」と宣言します。そして終業の際には「これであがります。AはできたがBはうまくいきませんでした。明日Cさんと一緒に対応します」といったようにカジュアルなチャットで、メンバーに業務を見せていくのです。

まだ、ビジネスチャットを導入していないのであれば、メールを使って業務を可視化しあうしかありませんが、メールスレッドが必要以上に長くなり閲覧するメンバーの時間を奪うことになるので、カジュアルでコンパクトな表現にとどめてください。

最強のコミュニケーションは対面して話すことです。ハーバード・ビジネス・レビューによる研究では、対面コミュニケーションは、電子メールを介した対応よりも34倍以上もの効果的な対応であると発表しています。

しかし、**対面コミュニケーションができないテレワークでは、コミュニケーションの密度と頻度を高める必要があります**。Zoom や Teams などのビデオ会議ツールを活用して、メンバーと対話する機会を増やします。クロスリバーで2020年3月に日本企業315社に対して調査したところ、91％の企業でオンライン会議サービスを使用していました。ただ残念なことに「うまく使いこなしている」と答える企業は23％しかなく、「最初のオンライン会議がうまくいかなかったので対面会議に戻した」という企業まで出てきました。オンライン会議を導入して最初の3回で「失敗」を経験すると、その後社内で浸透しにくいという調査データもあります。

クライアント各社で調べたところ、63％の会議でリーダーが主催者（ホスト）となっていました。オンライン会議でもミスなく無駄なくコミュニケーションが図れるようにする責任があります。そのためには、どうやればうまくいくか（ＨＯＷ）を考えるより、なぜ多くのオンライン会議はうまくいっていないのか（ＷＨＹ）を考えたほうが根本原因を解決できます。そこで、よくあるトラブルの発生原因とその対処策を紹介します。

オンライン会議の「よくある3大トラブル」に対処する

Ｗｅｂ会議を十分に活用できていない企業に回答してもらった「Ｗｅｂ会議の浸透を阻む原因」の中で、「トラブルでうまくいかず、その対処が面倒だった」というような回答が24％もありました。そのトラブルの代表的なものは、**「聞こえない」「うるさい」「孤立する」**です。

1．「聞こえない」の対処法

「〇〇さん聞こえる？　えっ？　はぁ？」

音声が聞こえないのはオンライン会議サービスの設定や通信回線の不安定さ（固定回線を推奨）によるものが多いのですが、意外な落とし穴はハードウェアです。音声を検知してソフトウェア側でデータ化しないと、音声データがリモート先の相手に伝わりませんから、確実に音声を検知するハードウェアが必要なのです。ＰＣやスマホのマイクでは品質が不十分なことが多いので、各Ｗｅｂ会議サービス会社が推奨している機器の準備をお勧めします。もしiPhoneでオンライン会議に参加するのであれば、付属のＡｐｐｌｅ純正イヤホンを使うのが良いです。オンライン会議で使うＰＣやスマホと同じメーカーが提供しているイヤホンは相性が良く、聞き取りもうまくいきやすいです。ちなみに私は、自宅から参加する場合はマイクロソフトなどが認定するスピーカーフォンを使っています。会話の声が周囲に聞こえないようにするために、ヘッドセットを使っています。共に1万円以上と高額ですが、クリアに聞こえて疲れません。

2.「うるさい」の対処法

「ワンワン（犬鳴き声）、ピンポ〜ン（宅配配達員が鳴らすドアホンの音）」

こういった問題に対処するために、主催者はオンライン会議サービスのミュート（消音）機能を上手に使う必要があります。例えばZoomを使った場合、出席者は全員ミュート状態で会議を始めることができます。Teamsは参加者のミュートを適宜設定することが可能です。基本的には参加者全員をミュートにしておき、発言の時だけ主催者がその人のミュートをＯＦＦ（＝発言できるようにする）にすると良いでしょう。

3．「見えない」の対処法

主催者が会議室にいて、出席者が自宅や外出先などからリモート参加する場合、会議室の様子や、会議の資料が見えないというトラブルが発生しがちです。それを避けるために、資料をデジタル化して、事前に配布しておくことは必須です。また、資料やデザインの説明をする際には、オンライン会議にある「レーザーポインター機能」を使います。どのパートを話しているか、明確にする必要があるからです。また、会議室のホワイトボードを使った議論が始まってしまったら、その様子はＷｅｂカメラを使って映し出し、どのような議論が行われているのかをリモート参加者に見せてください。

全員がリモートから参加しているのであれば、オンライン会議のホワイトボード機能や、ホワイトボードツールのMiro《ミロ》などを使うのが良いでしょう。Evernote《エバーノート》やOneNote《ワンノート》などのメモアプリを共有しながらメンバーがみんなで書き込んでも良いと思います。ただし、アイディア出し（ブレインストーミング）は仕切りが極めて重要ですので、ファシリテーターを配置して効率よく進めましょう。

ＩＴが苦手なリーダーもいるでしょう。しかし、ＩＴを使わずにテレワークをすることはできません。「習うより慣れろ」です。オンライン会議を開催して改善点があれば、次回に活かしましょう。回数を重ねれば徐々に慣れていきます。

テクノロジー自体が未来を作ったり、働き方を変えたりすることはありません。人が未来を作る時にテクノロジーが必要であり、人が働き方を変える時にテクノロジーが役立つのです。

（5）業務進捗が見える仕組みを作る

まず意義・目的を浸透させる

目的は、個人、チーム、ビジネスのパフォーマンスに大きな影響を与えます。クロスリバーの調査で、クライアント各社の**優秀なリーダーはチームビジョンを設定することに注力**しています。

メンバーに目的を浸透させるために、チームワークがいかに重要かを伝え、それをどのように実現していくのかについて具体的なビジョンを何度も言い続けます。メンバーが行動に迷った時は、そのビジョンを思い出して正しい選択ができるようにするのです。リーダーがビジョンを示すことにより、メンバーは目的を達成するために集中して、それに向けて自ら考えて行動するようになります。

失敗を責めない

農耕民族の村というコミュニティーの中で育った日本人にとっては、失敗を認めるというチェックそのものが機能しないのです。空気を読みながら人とコミュニケーションを行い、村八分にされないよう気遣いをしなくてはいけないのです。この村コミュニティーでは、うまくいくことよりも失敗しないことのほうが生き残れるわけです。これは会社の中でも同じことが言えます。

失敗しない、失敗しているように見せないということが社内でも起きます。失敗が見えないと進捗がわからず、プロジェクトの最後の最後でうまくいかないということになります。最後になって「まずい」と思っても修正できる余地が限定的でリカバリーができなくなります。CHAPTER4で説明した通り、内省がなければ成長することができません。失敗を責めるのではなく、振り返りをしないこと、そして、失敗から得た学びを活かさないことに指摘をしてください。

OKRを導入する企業も

リモート環境下でもしっかり目標管理とパフォーマンス評価ができるように、OK

Rを導入する企業が増えてきています。

ＯＫＲとは「Objectives and Key Results（目標と主要な結果）」の略で、目標管理のフレームワークのひとつです。もともと、Google などのＩＴ企業が使った開発管理のための手法で、昨今では日本でも業種を問わず広く使われるようになりました。特に日本企業では、グローバル企業のように職責や職務内容（ジョブ・ディスクリプション）がクリアではなく、個人の目標が定義されていないケースがあります。

そこで、結果から遡《さかのぼ》って必要となる行動目標を決めて、それを追跡していく方法です。かつては努力や頑張りがひとりの上司の感性で評価されることもあったでしょう。しかし、ＯＫＲは目標をロジカルに設定することができるので、社員の納得感が増し、目標へ集中することができたり、エンゲージメントの向上が期待できたりします。

ＯＫＲはひとつのＯ（目標）に複数のＫＲ（主要な結果）が紐《ひも》づく形になっています。

Ｏ（Objectives）：目標

ＯＫＲのＯは組織が達成を目指す Objectives（目標）を意味します。これまでの管理は、ＫＰＩ（重要成果指標）などの定量化にこだわるあまりに、ゲーム化してしまい、目標を達成しても成果が出ないケースもありました。ＯＫＲでは、組織目標を達成するための定性的で短期の達成ができる目標を設定するので、チームを鼓舞しやすく達成感も味わえます。

ＫＲ（Key Results）：主要な結果

ＯＫＲのＫＲとはKey Results（主要な結果）であり、Objectiveへの進捗を図るための具体的な指標を意味します。Ｏと異なり、ＫＲは定量的な指標、つまり数値的に測れることが必要となります。ひとつのＯに対してＫＲは２～５つ程度あると良いとされます。達成度は60～70％で成功とみなすことも特徴です。

このＯＫＲの管理手法を用いて、定性と定量の短期目標が明確になっていれば、その進捗をビジネスチャットや社内ポータルサイトで見える形にします。週に一度リーダーと振り返り、順調であれば行動を修正していくのです。「目標ーアクションー追跡ー修正」の一連のプロセスが見えていれば、リーダーがいちいちメンバーに「これ、どうなってる？」「あれはどうした？」という無駄な管理を抑制できます。

実際に、テレワーク導入後にＯＫＲを導入した5社にヒアリングしたところ、社員の満足度（働きがい）は改善されていました。特に、人事評価に対する納得度が大きく改善されました。

⑹ 感情共有で孤立化を防ぐ

テレワークは物理的に孤独な作業を強いるため、孤立感を感じやすくなります。クロスリバーでは3年半以上、全メンバーがテレワークをしています。しかし、中には塞ぎこんで、会話をしなくなるメンバーもいます。テクノロジーの進化で、自分ひとりで作業ができて、食事や日用品もネットで購入・配達できるようになると孤立化が進みます。特に、一人暮らしのメンバーはその傾向にあります。

テレワークを推進することによって、外出しなくても済み、他のメンバーとも会話をしなくなり、負の感情をため込んでしまうこともあります。また、頑張ってメンバーとの関わりを持とうと、自分の本音を抑えて周囲に合わせようとするため、心が辛くなっていく人が増えています。

こういった状況になるのは、「ひとりは寂しい」などという世間の価値判断基準を自分の中に取り込み、その基準で自分を評価しているだけで、自分自身の価値判断基準で生きていないということです。それは、自己否定や被害者意識となって蓄積されていきます。例えば「自分は傷ついた」という人ほど、かえって他人の痛みや苦しみに鈍感になっているところがあります。なぜなら、自分だけが世間から虐げられていると、自分の殻に閉じこもり、自分の感情しか見えていないからです。自分の感情だけが大事で、周囲との関係改善という発想がありません。

情報よりも感情を共有することによってチームワークがうまくいく

感情共有とチームの生産性との間に相関関係があります。クロスリバーがチームの感情と生産性の関係について調査した結果、怒りのような負の感情のレベルが高いチームは、肯定的なチームよりも生産性が低いということがわかりました。

メンバーを孤立化させずに、生産性を高めてテレワークをしていくには、「感情共有」がカギです。ビジネスチャットの「いいね！」や「アイコン」で感情表現したり、1ON1で腹を割って感情を共有することが大切です。リーダーとして、感情共有を促す施策が必要です。

例えば、ビジネスチャットで雑談チャンネル、トークルームなどの感情共有の「場」が用意されていればそれだけでメンバーは安心します。オンライン会議の冒頭の1～2分は雑談して感情共有できる空気を作る。背景が気になる場合は加工するツールもあるので、できるだけ本人の映像を出す。または、表情や動きに連動するアバターを活用する、といった心理的距離を縮め、チームとしての一体感を醸成する工夫も大事になります。

また、オンライン会議でのチームミーティングではメンバー同士で大切にしていることなどの価値観を共有し合うことも重要です。例えばテレワークという疎外された環境の中で、あえて仕事でのやりがいや働きがいを共有しあうことは非常に意味があります。もちろん、生活や自分の欲求のために仕事をする人もいるでしょう。その価値観は賛否両論があると思います。しかし、働きがいについてはメンバーとして共感が得られるケースが多いです。

実際にクライアント企業14社で、チームメンバーの中やチームミーティングの中で順番に各個人の働きがいについて3分間で話すという機会を作りました。はじめは照れたり言い出しづらく感じているメンバーもいましたが、他のメンバーに順番が回っていくにつれ、とても笑顔とうなずきが増えるようになりました。この働きがいを共有しあうチームミーティングの後に、メンバーに匿名でアンケートを取ったところ、91％の回答者がチームメンバーの働きがいに共感を示していました。

(7) フィードバック文化を作る

調和を重んじる日本人は、一体感を持てばエネルギーが高まり実行力も高まるという利点があります。一方で、チームが思わしくない方向に向かっていたとしても、それに気づきにくいという特徴があります。組織的なコンプライアンス違反は、このような集団的思考によって起こることが多いです。「外でもやっているから大丈夫」「この程度なら大丈夫であろう」といった勝手な思い込みがチームに蔓延《まんえん》し、違反をしていることを気づかないようにしてしまっているのです。

この集団的思考が働く時は、ネガティブなフィードバックを受け入れないという傾向も見られます。対処策として、チーム内のミーティングではポジティブなフィードバックとネガティブなフィードバックを定期的に言い合うルールを作ることをお勧めします。いきなりネガティブな意見を言われると気分を害して、心のバリアを張ってしまう人も出てきます。そこではじめに、他のメンバーの良い点を指摘し、次に改善点をひとつ挙げ、最後にさらに相手の良い点をフィードバックします。良いこと、悪いこと、良いこと、というように悪いフィードバックを良いことでサンドウィッチすることにより、相手は受け入れやすくなります。

このようなネガティブなフィードバックを言える心理的安全性が確保されているか、そしてそのネガティブなフィードバックに耳を傾けられるかどうか、ということがリーダーの手腕にかかってきます。改善点こそ相手へのプレゼントであり、聞く耳を持とうと意識付けるのはまさにリーダーの役割なのです。

実際に、このフィードバック習慣をクライアント企業17社で実践してみました。当初は、チームミーティングが凍りつくような危うい状況も見受けられましたが、2回目以降は徐々に受け入れるメンバーが増え、結果的には73％のチームで同僚のネガティブフィードバックを歓迎すると回答するまでに至りました。

フィードバックを求める

メンバーにフィードバックをすることに加え、リーダーに対してメンバーからのフィードバックを集めましょう。メンバーだけでなく同僚や、隣のチームのリーダーにフィードバックを求めても良いでしょう。他者から客観的に見て、他者があなたをどのように認識しているかについての洞察を得ることは、学習する上で重要です。思ってもいなかった良い点や改善点が見つかれば、その後の行動を変えることができます。

実際に、各社の優秀なリーダーは他者からのフィードバックを歓迎しています。275名の優秀なリーダーにアンケートを取りました。すると「フィードバックを糧にする」と答えたのは79%と一般的なリーダーより17ポイント高く、「メンバーにフィードバックを求める」と回答したのは51%と一般的なリーダーより5倍も多かったのです。「メンバーにフィードバックを与える」と回答したのは97%と、一般的なリーダーとの差異がありませんでした。この調査結果をみると、**優秀なリーダーは自分を客観的に捉えることを目指し、行動と意識を変えるための材料として、周囲からフィードバックを集めている**ことがわかります。

（8）長時間労働を抑止する

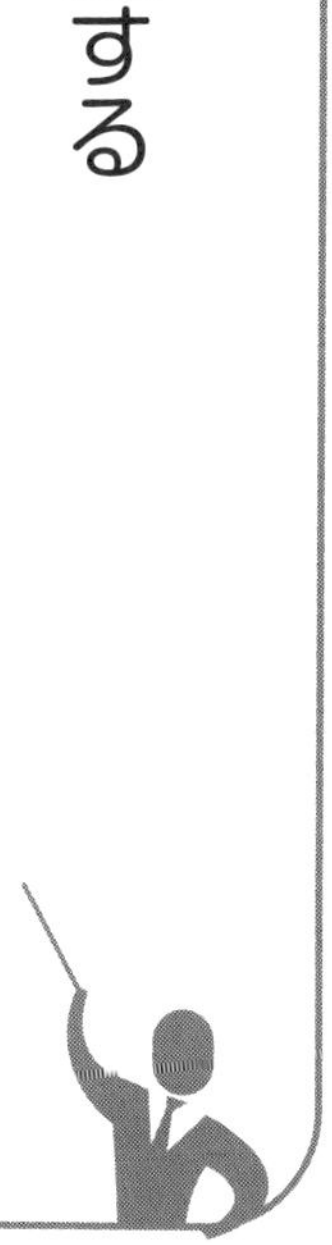

勤怠管理は義務

　テレワーク中であっても、リーダーはメンバーの勤務時間を管理する義務があります。法律が改正され、長時間労働は制限され違反すると罰則を伴います。リーダーが確立した規範と期待をもとに、メンバーは決められたスケジュールを守り勤務時間が終了したら仕事から離れることを推奨しなければいけません。

　自分のストイックさをチームメンバーに押しつけるのではなく、それぞれの仕事の内容や分量に応じて、計画的に行動できるよう考えることが大切です。長時間働くことは美徳ではありません。仕事の内容にもよりますが、業務時間内にきちんと仕事を終わらせて、定時で仕事を切り上げられるよう計画を立て、実行できるのが理想です。

目標達成のための行動計画をチームメンバーと一緒に考え、実行できるリーダーが求められます。

余裕と引き締めで効率を高める

生産性を高める上である程度の「すき間」を作ることは必要です。心のゆとりをもったほうが、新しい発想が生まれます。また、脳がリフレッシュされると、長く体を動かすことができるので、夕方まで高いパフォーマンスを発揮することができます。私も実践していますが、ゾーンに入るほどの集中時間を短期に設けて小まめに休んだほうが疲れにくくなります。

ポモドーロ・テクニック

集中時間にはタイムプレッシャーをかけることでリモートワークの効率が上がります。締め切りが見えると脳が活発に動きますので、わき目も振らずに作業を終わらせることに集中することができます。私は45分1セットで作業の締め切りを設けていま す。これは「ポモドーロ・テクニック」と呼ばれています。締め切り時間を意識させて集中力を増す方法として、多くの方が活用し成果を残しています。ちなみに、このポモドーロとはイタリア語で「トマト」を表し、トマト型のキッチンタイマーを使って時間を計ったからと言われています。

この締め切りを意識するというのは、テレワークだけでなく広く活用できます。クライアント企業18社でオンライン会議を時間通りに終わらせるために、持ち回りで参加者がスマホのタイマーを使って終了10分前にアラームがなるようにしました。すると、時間通りに会議が終わる確率が1・3倍に上がり、会議参加者の満足度も22％上がりました。

70代まで働くことが当たり前に

CHAPTER1で紹介した『LIFE SHIFT』で「私たちの寿命が延び、人生100年時代を迎える」という話がありました。約100年前の1914年に生まれた人が、100歳まで生きている確率はわずか1％でした。しかし、2007年生まれの50％は107歳まで生きると推測されています。

人生100年時代になれば、健康や人間関係そしてキャリアについて「人生100

年という単位でどう取り組んでいくか」を考えて生きていく覚悟が必要です。寿命が延びれば、70代さらには80代まで働くことが前提となります。

歳を重ねても働くことを考慮すれば、健康や活力が大切な資産になります。20代・30代の7割以上が残業をしたがっていることがクロスリバーの調査でわかりました。しかし、寝る間を惜しんで働き続けることはリーダーが止めなければいけません。肉体的そして精神的に体調を崩すと長い人生を棒に振ることになる可能性もあります。

特に、睡眠不足によるリスクは大きいものです。１ＯＮ１などで、しっかり睡眠がとれているかどうかを確認してください。私は20年以上のキャリア人生で、２度体調を壊しました。仕事が忙しくて楽しかったため、そのうちに不眠症になり、軽鬱《けいうつ》病で出社できなくなりました。運良く数週間で復帰できたのですが、10年以上復帰できずに病気を抱えている友人が複数います。

慢性的な睡眠不足は健康に重大な影響をもたらし、また仕事のパフォーマンスも著しく低下させます。目の前にメンバーがいないからといって油断は禁物です。メンバーの未来をよく考え、健康の管理をしてあげてください。

(9) ファン要素を入れる

交流する機会を作る

テレワークチームで欠けてしまうのは、職場で日常的に行われていた対面式の集まりやカジュアルな会話からメンバー同士で接点を持つことです。出勤していれば、一緒にランチに出かけることもできたでしょう。作業が定時で終わり、周りのメンバーの状況を見ながら、「一杯だけ飲んで帰ろう」と声をかけることもできたでしょう。

また、働き方改革の取り組みの一環として開催していたイベントも開催できないかもしれません。組織を越えて集まり情報交換や懇親を深め社内人脈を構築し、それがビジネスにつながったという事例を何度も見てきました。このような接点や偶然の出会いがないと、メンバーの孤立化を招き、組織間連携がスムーズにできない可能性もあります。

また、テレワークをやってみると意外と忙しく、サボっている暇などないと感じる人も多いでしょう。あっという間に時間が過ぎ、気がついたら外が暗くなっていたということはよくあります。運動不足にも関わらず、ついついお菓子を口にして体重が増えてしまう人も出てきます。徒労感と罪悪感で精神的に疲れてしまう人が出てきます。

そこで、リーダーとしては交流の場（機会）と楽しさ（ファン）を演出することが求められます。物理的に会うことはできなくても、テクノロジーと創意工夫で場と楽しさを作り出すことはできます。弊社のクライアント各社が作り出したオンライン・イベントを紹介します。私もいくつかのイベントに参加しましたが、予想以上に盛り上がり普段物静かな方がノリノリで会話をしていたのが印象的でした。

1．オンライン飲み会

これはもう市民権を得たでしょう。周囲の友人の多くも経験しています。私も所属する株式会社キャスターは７００名以上のメンバーのほとんどがテレワークです。そ

オンライン飲み会

のキャスターでは２０１７年時点で社内オンライン飲み会が定期的に開催されていました。

　まずはじめに、自分の飲み物や食べ物を披露しあいます。そこから料理の仕方を紹介したり、食べ物を買ってきた旅行先の思い出を語ったり。雑談をしながら、共通点を見つけて喜び、意外な側面を知って親近感が湧いたりとリアル飲み会に近い感覚です。リーダーが主催するとメンバーが構えてしまうこともありますので、メンバー間で開催することを提案してみたり、そこにリーダーが途中で少し参加したりと、アレンジしてみると良いでしょう。

2. アバター会議

ネットワーク環境の影響で、オンライン会議中のビデオをOFFにしている企業が多数あります。確かに、在宅勤務者で十分なインターネット環境がないこともあります。しかし、会議中にずっとビデオをONにしているのではなく、冒頭の数分だけONにするだけならば、さほど影響はないはずです。一瞬だけビデオをONにできるなら、元気な笑顔を見せて一体感を感じたいものです。よく知るメンバー同士であれば、仮想キャラクターに変装してたまに参加してみると面白いです。Snap Camera《スナップカメラ》というパソコン向けの加工アプリをインストールすれば、好きなキャラクターで参加ができます。

3. オンラインフィットネス

テレワークは体を動かさないため運動不足になりがちです。また、肩こりや腰痛に悩むこともあります。そこでお勧めするのが、インストールを通じて軽い運動をすることです。株式会社キャスターが実施しているオンラインフィットネス制度です。始業前・日中のうち都合の良い開催クラスを選び、時間になったらPCからビデオミーティングツールの決められたURLにアクセス、画面の向こうにフィットネストレーナーがいて、音声と映像を通じてトレーニング指導を受ける仕組みです。前半30分でストレッチを行い、後半30分でパーツごとの筋力アップトレーニングを行います。

他企業ではラジオ体操のYoutube動画をオンライン会議で共有してみんなで体操したり、整体師を招いてストレッチの仕方を教えてもらったり、と多様な取組みがされています。気分をリフレッシュしてから勤務に戻ることで、業務へのポジティブな影響を感じている参加者も出ています。筑波大学の征矢《そや》英昭《ひであき》教授ら

アバター会議

の研究によると、中強度の運動は自分の注意や行動をコントロールする能力、記憶力が向上するとのことです。

4. 動物キャラクター・チャット

メールよりもチャットのほうがテレワークに向いています。メンバーのプレゼンス（在席状態）を確認できて、カジュアルな対話ができるので、コミュニケーションが円滑になります。しかし、テキストのやり取りはドライに感じてしまうかもしれません。そこで、チャットを活用し、ファン要素として動物キャラクターを登場させます。例えばリーダーが「夜遅くまで仕事してないで、早く切

オンラインフィットネス

り上げろ」と言うと少々威圧的にとらえられがちです。そこで猫のアカウントを作成し「そろそろ終業時間だニャー」と発言すれば場も和みます。

5．サプライズ誕生会

メンバーたちの誕生日を知っていれば、オンライン会議の冒頭で「ハッピーバースデー、おめでとう！」のコメントがあっても良いのではないでしょうか。ある企業では、メンバーの誕生日をチーム全体で祝うために会議冒頭でサプライズ演出を行いました。リーダーはロウソクが乗ったケーキをＷｅｂカメラに映し、他のメンバーはバースデーコメントとして一言を付箋に書いてＷｅｂカメラに映していました。このようなほっこりした演出で、チームの一体感を醸し出すこともできるのではないでしょうか。

COLUMN

「ひねくれシニア」と「くれくれ社員」に対処する

●「ひねくれシニア」はこんな人たち

団塊世代の次の世代で、現在、58歳～66歳ぐらい。役職定年や定年後再雇用などにより、役職を持たない一社員として現場に配属され、年下上司に仕えるケースも増えている。元々クールで、自己主張をしない性質を持っている。

動かない理由	対処策
「過去の人」「終わった人」などと周囲に思われ、そう思われていることを自覚。人に認められたいという願望が満たされないためにモチベーションが上がらず、「目立たないのが一番」と割り切っている。	「過去の経験に照らして今回の件はどう思われますか」などと積極的に相談を持ちかけ、経験を語ってもらう機会を増やす。尊重されていることが伝われば、「ひと肌脱ごう」と奮起してくれる可能性が高い。

●「くれくれ社員」はこんな人たち

20代・30代の若手～中間世代は、「失われた20年」と呼ばれるバブル崩壊後の経済低成長時代に育った影響で、国や社会に希望が持てず、常に不安や疑問を抱えている。

動かない理由	対処策
「努力してもどうせ報われない」という考え方が強いため、できるだけ無理はしたくない。	仕事で自分が成長できるか否かは、インセンティブの有無による場合があるので、「無理せず小さな努力でできる身近な目標」を本人に設定させ、その達成を見守るアプローチが有効です。

CHAPTER 6

成長支援

５年後のキャリアなんてわからない

ＶＵＣＡ時代の変化が激しい中で、５年後に世の中がどうなっているかを予測することはできません。これまでのように、メンバーに３年後そして５年後のキャリアプランを作成するように指示しても意味がありません。しかし、**１ＯＮ１などを通じて、リーダーとメンバーがキャリアについて話し合うことには意味があります。**多忙な業務から離れて、これまでのキャリアを振り返り、「自分のできること（ＣＡＮ）」「自分のしたいこと（ＷＩＬＬ）」を考える時間を確保すれば、未来志向で「では、今何をやるべきなのか」が見えてきます。

そこで、リーダーがメンバーのキャリアについてコーチングする上で、「キャリアの棚卸しの仕方」と「未来のキャリアを引き寄せる偶然の出会い」について説明します。

キャリアの棚卸し

キャリアの棚卸しとは「これまで自分が何をやってきたのか」を洗い出す作業のことです。具体的には社会人になってから現在までの経験を振り返り、業務内容や実績、得られたスキルなどを整理し、言語化します。自身の強みや弱み、それぞれの業務に対しての自身の関心や興味の強弱を発見し、今後のキャリアの戦略立てに役立てていくプロセスです。

キャリアの棚卸しをすると、自分が担当した業務の得意不得意や興味があったかどうかなどを冷静に振り返ることとできます。「この業務は得意だけど興味の持てる内容ではなかった」とか「この分野はとても得意でもっと伸ばしたい強みだと思った」といった会話で、過去の業務を一緒に整理しながら進めていくと目指すキャリア像が明確になります。

また、**効率よくキャリアアップすることも可能**になります。キャリアの棚卸しによって、メンバー自身の実績や強みとなるスキル、アピールポイントがはっきりします。するとその仕事で発揮すべき自身の強みやスキルを意識して業務に取り組むことができるのです。キャリアの棚卸しで明確になった自身の強みのスキルと、会社や組織が求めているスキルがどうマッチして、どのように貢献できるのかを意識させることができます。

では、実際にキャリアの棚卸しの手順について解説していきます。キャリアの棚卸しの手順は、以下の通り3つのステップがあります。

キャリアの棚卸し①：経験と能力を振り返る

これまでの職務経歴を振り返り、どのような能力を身につけたかを確認していきます。これまで担当した業務や、習得したスキルをリストアップしていきます。習得したスキルは、「コミュニケーション力」「課題発見力」「スペイン語」「巻き込み力」「秘書検定1級」などといった能力です。また、メンバー自身の主観的な評価も聞き出してください。これまでの職務の満足度や興味のある業務、好き嫌いや得手不得手など、主観的な感想を引き出すことができれば「仕事の軸」を見つけるヒントになります。

キャリアの棚卸し②：未来の目標やキャリアのイメージをつかむ

次に、メンバー本人の「主観的な希望」です。これまで経験してきた業務に対してどのような思いがあったのかを振り返ると、将来に対する希望や目標が見えてきます。希望する仕事内容だけではなく、働き方についても話し合うと良いでしょう。生活していく上で仕事だけではなく家族との関わりなども考えておくべき事項のひとつです。仕事だけにフォーカスするのではなく、人生全体として自身の目指す姿、働き方を含めて目標を立てます。

キャリアの棚卸し③：今後の方向性を意識する

これまでのキャリアの棚卸しができて目標としたい姿が浮かんできたら、直近のキャリアの方向性をイメージして具体的なアクションに落とし込みましょう。現在の自分と未来のあるべき姿とのギャップをどう埋めていくかを建設的に話すのです。すると、直近で取り組んでおいたほうが良い項目が見えてきます。

「偶然の出会い」を引き寄せる

私は週に7冊のビジネス書を読みますが、これまでのマイベスト10のうち8冊は本屋での偶然の出会いでした。そのひとつが『エッセンシャル思考　最少の時間で成果を最大にする』（グレッグ・マキューン 著　高橋璃子 翻　かんき出版）です。また、私が新卒で入社した企業の同期メンバーは、ある会合で有名な書道家に出会い感銘を受け、その後独立してプロの書道家として活躍しています。

キャリア論で有名なスタンフォード大学のジョン・クランボルツ教授によると、「成功者のキャリアの8割は偶然によって形成されている」と発言しています。クランボルツ教授は、偶然起きるイベントによって個人のキャリアが左右されることを発表しており、そういった「偶然の出会い」を引き寄せることが重要だと力説しています。

変化の激しいVUCA時代に、多くのビジネスパーソンは無意識にも確実性を求め、偶発性や曖昧なものを排除します。しかし**「偶然の出会い」を受け入れる精神的な余裕と自由な時間がないと、キャリア開発の機会を逸してしまいます。**

この「偶然の出会い」を引き寄せるために、リーダーが支援できることもあります。長時間労働の規制がありますが、メンバーに対して「早く帰れ」と手段だけ指示しても定着しません。「偶然の出会い」の重要性を伝え、心と体の余裕を持つこと、変化を受け入れる心構えを持つことを勧めるのです。

脳と体を休める〝すき間時間〟を作ることで、自分の未来を左右する「思いもよらないチャンス」を引き寄せることができることを伝えてください。「残業せずに早く帰れ」ではなく、「偶然の出会いを逸しないためにも体と時間に余裕を持っておけ」と伝えることで、メンバーは自分事化して残業を抑制するように心がけるでしょう。

尖った杭を守る説明力

チャレンジングな取り組みや、数値化できない成果などについても、適切に組織経営者・上層部に釈明して、メンバーの今後の可能性を活かすことができる**「説明力」**が必要となります。失敗を恐れじっとしている保守勢力ではなく、積極的に学びを重ねられるメンバーこそが評価されるべきです。成功までに時間がかかったとしても、挑戦しているメンバーを潰《つぶ》すようなことがあってはいけません。このような**変化に挑むメンバーは上層部や他組織から守ってあげなければいけません**。

その際に必要なのが説明する力です。あらゆる挑戦にはデメリットがあります。しかし、そのデメリットを突いてしまうと行動変容ができません。それを理解した上で、相手に「伝わる」コミュニケーション能力を身につける必要があります。論理だけでなく、時には情熱で相手に共感を促すのです。相手のメリットを考慮しながら協力を取りつけるのです。

このように挑戦する人を守ることができれば、意欲が認められてチャレンジングな取り組みができます。「頑張った人が認められる現場」が、必然的に実現します。この文化が根付けば、メンバーは「決められた以上に頑張ってみよう！」と思うことができて、「チャレンジすることが当たり前」というモチベーションを得ることができます。この前向きなマインドが「偶然の出会い」を引き寄せます。正解がないＶＵＣ

A時代、スピードが求められる時代で生命線となるのが、メンバー全員の「決められた以上に頑張ってみよう!」という思い、「チャレンジすることが当たり前」の組織体質です。そのチャレンジを続けていく中で、「偶然の出会い」が待っているのです。

自己選択権で「学び改革」を

ビジネスパーソンの67%がスキルアップを熱望

クライアント各社の働き方改革を支援する中で、67%の社員が「自分のスキルを磨きたい」と願っていることがわかりました。寿命が長くなるというのは、働く期間も長くなることであり、歳を重ねても働いていかなくてはならないというプレッシャーと、社会から必要とされる人材になりたいという思いから、スキルを磨きたいと願っていることも明らかになりました。

無駄な時間を削減し、生み出された時間を、新たな事業開発と新たなスキルの習得に充てることで、個人にとっての生産性が高まります。日々の業務では、目の前の仕事で頭がいっぱいになることが多いと思うかもしれないからこそ、意識的にスキルを磨く時間を確保するのです。

もちろん、通常業務の中である程度スキルを磨いていくこともできるかもしれません。しかし、やはり新たなスキルは時間をとってじっくりと学ぶことによって確実に習得できます。通常業務の傍ら学習するよりも、しっかりと時間をとって集中しながら学ぶことによって、より自分の身になるのです。

成功のカギは自己選択権

スキルを身につけるということは、会社からの一方的な研修などを受けるのでは効果が上がりません。人は「自己選択権」がある時に幸せを感じやすいのです。ただ言われたことをやるだけではなく、自分がやりたいことをやることに幸せを感じるという意味です。神戸大学と同志社大学の共同調査で、金銭的報酬よりも「自己選択権」、つまり自分で選ぶ権利を持っているかどうかで幸福度に影響があることがわかりました。

したがって、研修メニューも会社が一方的に社員に与えるのではなく、社員が習得したいというスキルの要望を集めて、会社が受けさせたい研修と社員個人が自分で受けたいと希望している研修を一覧に並べ、社員自身に選ばせるという手法も効果的です。これは、自分でメニューを選べる「カフェテリア式研修」と呼んでいます。

22社12万人に調査したところ、「研修にかける投資額」と「研修後の満足度を掛け合わせた数字とその会社の離職率」は相関関係があることがわかりました。つまり、社員は金銭的な報酬も必要ですが、自己選択権を持った上で研修を受けるというスタンスが、社員にとっても会社にとってもベネフィットが大きくなります。

では、実際にどのようなスキルを磨くべきかを考える際には、図12のように3

図12 働きがいって何だろう

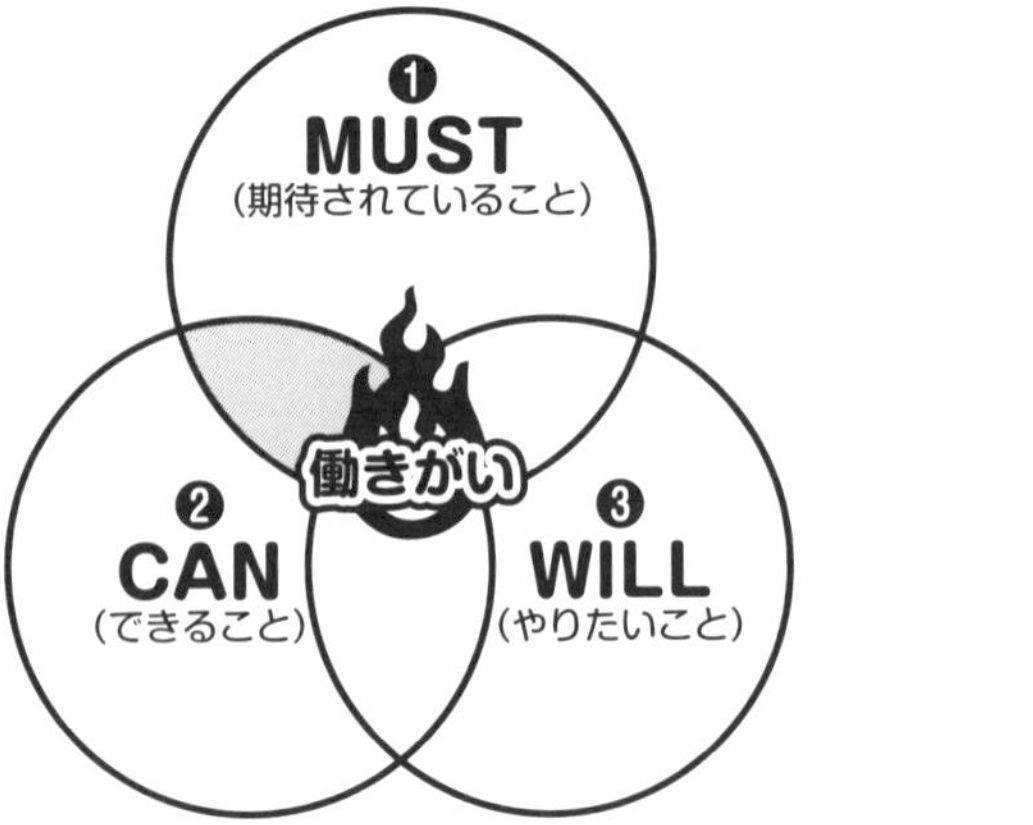

つの円を思い描いてください。自分ができることを「CAN」、自分が将来やりたいことを「WILL」、そして会社でやらなければいけないこと「MUST」の3つの円を描きます。これら3つの円のどれを大きくしていくべきか、そしてこの3つの円の重なりをいかに大きくしていくべきかを自分自身で考えるのです。

例えば、社内で新たな商品を短期間で開発することになった時に、優秀なエンジニアを巻き込むコミュニケーション力や人を動かす交渉力を身につければ、CANとMUSTが重なります。そして、この3つの円が重なった部分を「働きがい」と位置付けます。メンバーとの対話の中で、研修によってCANを大きくしていくのか、昇格してMUSTを大きくしていくのか、自分のやりたいWILLを実現するにはどうしたら良いのかを話し合うことで、未来のキャリアを前向きにとらえることができます。

共感目標に向かってトライ&ラーン

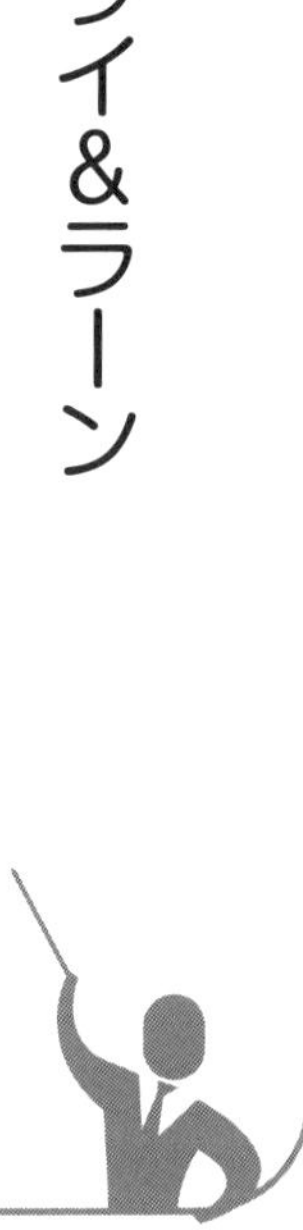

「共感できる目標」が組織の強みになる

過去を振り返ると、かつての組織は「予算を持っている」「有能な人材をたくさん抱えている」「権限がある」のが強みでした。しかし、**VUCA時代で新しい組織に必要なことは「明確な目標がある」こと**です。かつ、その**目標に対してチームメンバーが「共感できる」こと**。これは組織の大きな強みになります。組織目標を共感できるということは、つまりメンバーが腹落ちした状態です。意義と目的を理解した上で、目標達成に向かって走るわけですから実行力が高まります。

また、**リーダーは最後まで諦めない心を持つこと**が大切です。リーダーが諦めてしまっては、メンバーは誰もついて来ません。壁を乗り越えてメンバーと共に成長し、目的を達成させることが大切なのです。ストイックに頑張らせるのではなく、計画的に行動できるよう一緒に考えて実行します。

目指すはアベンジャーズ

また、組織の目標がわかり一致団結してワン・チームで取り組めば、メンバー各個人の立ち位置やミッションがわかり、それに応じた行動を取ることができます。他のチームメンバーのミッションを理解していれば、何かあった時の補完的な役割もできます。

自分の役割を理解し、率先して他のメンバーの支援もする。これがVUCA時代の最強のチーム力です。映画『アベンジャーズ』のように、個々人が持つ強みと弱みを掛け合わせて複雑な課題を解決していくのです。

組織として共通の目標を全員が一丸となって本気で目指した時、その組織は想像を超える力を発揮します。しかし、「まぁ、こんなもんでも良いだろう」というメンバーがひとりでもいると、目標に向かう力は激減してしまいます。目標をしっかりとメンバーの頭に叩き込んで、組織を正しい方向に導くことがリーダーの役目です。

トライ（挑戦）＆ラーン（学び）を根付かせる

目標は高すぎず低すぎず、ギリギリ背伸びをして手が届くか届かないくらいに設定するのが良いと言われます。確かにその通りですが、優秀なリーダーは少々高すぎても良いと思うくらいの組織目標を設定します。重要なことは、目標を立てることではなく、それを経過目標に落とし込んでいくことです。

例えば市場シェアトップ獲得という目標を掲げたら、それをどうやって達成するのか、これまでのトップシェア獲得企業がどれほどのシェアを獲得したのか、またどうやって獲得したのかというものがわかれば、トップになる道筋が見えます。そうなると、そのシェアを取るためには、自社商品を取り扱う店舗を増やしたり、どれだけのプロモーションをしていつまでに売上げを伸ばすかといった具体的な経過目標が出てきます。そして、今週はどういうことをすれば良いか、今日は何をすれば良いかということが落とし込めるようになるのです。

そこからすぐに行動へ移行させてください。アクセルを踏むならこのタイミングです。考え抜くだけではダメです。行動を変えないと結果は変わりません。新しい挑戦に躊躇するメンバーもいるでしょう。その時には、成功ではなく実験することを目標に設定してください。成功を目指すと失敗が怖くて行動に移しにくくなります。行動を変える小さな実験をして、そこから得た学びを次に活かすように指導すれば、行動のストッパーを外すことができます。

このように、**まず挑戦させて学びにつなげる習慣を身につければ、メンバーは大きく成長します。**この習慣があれば、激しい変化に対してしなやかに対応することができます。

組織目標から個人の行動目標へ落とし込む

目標を達成するには、どういう組織になっているべきかをチーム全体で考えます。そして、その組織の中で自分はどういう役割で入るべきかを考えさせます。その上で、１ＯＮ１などを通じてその役割をこなすためにはどういう自分になっているべきかを一緒に考えていきます。そして、再び１ＯＮ１で「この１ヵ月で何をするか」を決めるのです。そこまで行動に落とし込めば、すぐに実行可能となります。

パフォーマンスを高めるためには、目標を意識したほうが実現しやすくなります。

目標実現のためには、モチベーションを維持しながら、達成の阻害要因を把握し、それを解消するというステップ思考が役立ちます。「WOOSEの5つのチェック」を参考に、メンバーと対話して一緒に行動計画を立てていきましょう。未達成だと叱責するのではなく、その阻害要因を一緒に掘り下げるようにしましょう。しっかりと内省によって振り返る癖をつけ、失敗から学ぶ習慣を身につければ、行動しなかったり失敗を隠したりすることがなく、確実に成長していきます。

「WOOSEの5つのチェック」

Wish：達成したい目標は？
Outcome：モチベーションは？
Obstacle：阻害要因は？
Steps：阻害要因を乗り越える手順は？
Estimate：いつ達成できる？

修羅場経験が爆発的な成長を生む

人が持つ特性や能力は、生まれつきの先天的なものと生まれてからの後天的なものがあります。先天的な要素は変化をさせるのは困難です。しかし、後天的な能力は学習によって育成することができます。

ビジネスパーソンの学習方法で有名なのが「70：20：10フレームワーク」です。学習の70％は「仕事による経験」によって、20％は「他者との社会的な関わり」によって、10％は「公的な学習機会」によって起きるとするものです。これを踏まえると、学習の70％を占める仕事経験から上手に学べるかどうかが、ビジネスパーソンの成長を大きく左右することになります。

経験学習と言えば、組織行動学者のデービッド・コルブが生み出した「コルブの経験学習サイクル」が有名です。「経験」→「省察」→「概念化」→「実践」の4段階の循環サイクルによって経験学習が進化していくという理論です。

この理論を参考に、クロスリバーではクライアント各社で特に第2ステップの「内省」行動を浸透させています。このサイクルを頭に入れるだけでも変化や失敗への恐怖がなくなることが、弊社による約3415名への調査でわかっています。

優秀な人材は修羅場を経験していた

リーダーシップ育成プログラムとして世界的に有名なCCL（Center for Creative Leadership）のモーガン・マッコール氏らは、成功している大企業の経営幹部に対する大規模なインタビュー調査を実施しました。その分析の結果、優秀なリーダーに共通する経験として「課題」「修羅場」を挙げています。成果を出し続ける優秀なリーダーは、複雑な課題をもがき苦しんで解決していくことで、やり抜く力や責任感などを兼ね備えた強力な経験学習をしています。また、**「修羅場」の経験を通じて内省することで謙虚さやモノの見方を学んでいた**ということを発言することが多いです。

この「修羅場体験」はリーダーだけではなくメンバーも大きく成長させます。クロスリバーは現在22社から業務委託を受け、評価上位5%のエース級社員の行動分析をしています。1年だけ営業成績が良かったメンバーではなく、たまたまプロジェクトが成功したメンバーでもありません。3年以上好成績を出し続ける各社のスーパーエースです。この5%社員と一般社員の比較によって特徴を抽出しようと試みました。

業種や業態、従業員数も異なる22社で共通するルールを見出すのは困難でした。あらゆるデータと変数を集めてAIで分析もしました。この調査の中で、5%社員の84%に修羅場経験があることがわかりました。悪い事業を立て直したり、メンバーが起こした不祥事の処理をしたり、海外の提携先企業との紛争処理をしたりと過酷な現場を切り抜けてきた経験を持っていました。一方、一般社員では「修羅場経験がある」と回答したのは27%でした。この結果だけ見ると、修羅場経験の有無が後の業績や成長につながっていることがわかります。

私自身も修羅場経験で成長できたと思っています。20年を超える社会人経験で一番の修羅場は500件を超える謝罪訪問でした。2011年にマイクロソフトでCQO（最高品質責任者）に就任し、3年半で566件の謝罪訪問を経験しました。煙があがっている初期段階ではなく、火柱があがっている大炎上現場です。品質責任者として顧客企業を訪問し、ペンや水が飛んでくることは複数ありました。その修羅場の中で**やり抜く力とレジリエンス（復元力）、そしてコミュニケーション能力を磨く**ことができました。あの修羅場経験が自分を大きく成長させ、今の自分があると思っています。その経験をさせてくれた当時の上司に心から感謝しています。

経験学習を加速させる「育てる人事」

では、メンバーに経験の場を提供するにはどうしたら良いでしょうか。修羅場を作り出すことはできませんが、重要なプロジェクトが炎上している時に将来のエース人材を割り当てたり、現在のトップ営業を人事部へ異動させたりすることはできます。もちろん、自組織のエース人材がいなくなることは一次的な戦力ダウンになることもありますが、メンバーに寄り添って成長を支援するのであれば、このようなチャンスを与えることもリーダーの責務です。

経験学習の効果を認識すれば、適材適所型の通常人事の一部分に**「育てる人事」を組み込み、社内異動（ジョブローテーション）を加速させる**べきです。化学品メーカーのクライアントでは、リーダーが配下のメンバーを他組織へ異動させるとポイントがアップする評価制度を作りました。逆に、メンバーが5年以上同じ部署にいると、リーダーの評価がマイナスになる仕組みです。これにより社内人員の流動性が加速し、エースに頼らない組織作りをするリーダーが増えていきました。

この企業は2019年にヒット商品を開発しましたが、その発案者は元経理マンです。彼は社内コンプライアンス違反の撲滅に奔走し、その解決後に商品企画部へ異動しました。既存メンバーでは思いつかなかった商品の使い方を提案し、ヒット商品を作り上げたのです。人員の流動化により新結合（イノベーション）が起きた好事例です。

おわりに

悪しき働き方改革が加速してしまうことを危惧しています。この矛盾で最も苦労しているのが現場のリーダーたちです。弊社クロスリバーで調査をしたところ、2019年度の総労働時間は18％減っていましたが、管理職の労働時間はむしろ21％増えていました。メンバーの労働時間は減ったが、そのシワ寄せがリーダーの過重労働を生んでいます。

リーダーは今、VUCA時代の激しい変化をどれだけ味方につけられるかが問われています。デジタルを活用して行動を変えていくのか、それとも自然と意識が変わるまで待つのか。テレワークをここまで多くの人が体験することは予測ができませんでした。これまでとメンバーとの関わり方が変わり、戸惑うリーダーもいるでしょう。テレワークでは、お互いに仲間としてうまく呼びかけていくことが必要で、職場以上のコミュニケーションが求められるのは事実です。

このような変化に立ち向かうための書籍を作ろうと思ったのは、この3年間で多くの優秀なリーダーたちと触れ合い刺激を受けたからです。17年ほどのリーダー経験しかない私ではありますが、彼らの勇気ある行動に感化され、変化を察知しながら変化に対応していく方法を一緒に探し続けました。今、我々は経験したことのない大きな転換点を迎えています。必要以上に不安に苛《さいな》まれることなく、自分たちが変われるチャンスだと思い新たな挑戦をしていきましょう。

本著の執筆に関わってくれた弊社クロスリバーのメンバーの皆さんに深く御礼申し上げます。完全テレワークの環境下で、日本のみならずパリやニューヨーク、バンコクのメンバーが調査や分析に協力してくれました。また、CASTER BIZというオンラインアシスタントサービスにも助けられました。海外の論文のリサーチなどを「会ったことのない」アシスタントさんたちにサポートをしてもらいました。

また、多くの調査や実証実験に協力してくださったクライアント企業の皆様に深く感謝いたします。何度も何度もアンケートや調査やヒアリングを重ね、ご迷惑をおかけしたこともありました。しかし、皆さんの協力のおかげで、新時代のリーダーが生まれ日本経済を担ってくれると信じています。

私はこれまでに15名の上司の下で働きました。その中でも強く影響を受けたリーダーがいます。日本を代表する偉大な経営者であり改革者です。グローバルとローカルの両方を見て、常に視座が高く学ぶべきところだらけです。私はそのような偉大な経営者にはなれませんが、彼の行動指針は常に意識しています。彼からの指導と言葉で私の人生は変わりました。行動を変えたことにより未来が開けました。その尊敬するリーダーの言葉を、協力してくれた皆さん、読者の皆さんに贈り、締めたいと思います。

リーダーとして当たり前のことを当たり前にやる――。一番簡単で一番難しいことです。

越川慎司

【著者紹介】
越川慎司（こしかわ しんじ）

株式会社クロスリバー代表取締役社長
国内通信会社および外資系通信会社に勤務、ＩＴベンチャーの起業を経て、2015年にマイクロソフトに入社。業務執行役員として最高品質責任者、PowerPointやMicrosoft365などの事業本部長を務める。2017年に働き方改革のコンサルティング会社であるクロスリバーを設立。ＩＴをフル活用してメンバー全員が週休３日を３年以上継続。延べ605社に対して、無駄な時間を削減し社員の働きがいを高めながら利益を上げていく「儲け方改革」の実行を支援。メディア出演や講演は年間200件以上。著書に『超・時短術』（日経ＢＰ）、『科学的に正しいずるい資料作成術』（かんき出版）、『ビジネスチャット時短革命』（インプレス）、『働く時間は短くして、最高の成果を出し続ける方法』（日本実業出版社）などがある。定額制オンライントレーニングサービス「Smart Boading」にて特別講座提供中。

◆株式会社クロスリバー
http://cross-river.co.jp/

新時代を生き抜くリーダーの教科書

不確実で予測不能な時代の生存戦略

2020年 8 月23日　初版発行

著　者　越川慎司
発行者　野村直克
発行所　総合法令出版株式会社
〒 103-0001 東京都中央区日本橋小伝馬町 15-18
ユニゾ小伝馬町ビル 9 階
電話　03-5623-5121

印刷・製本　中央精版印刷株式会社

落丁・乱丁本はお取替えいたします。

ISBN 978-4-86280-758-8

総合法令出版ホームページ　http://www.horei.com/